멋대로
크게 멀리 보고 키워야 됩니다
키워라

도서출판
예울

개정판을 내면서

크게 멀리 보고 키워야 됩니다

 이 책을 쓸 즈음, 내 머리 속의 화두는 미래사회는 어떻게 될 것인가였다. 미래에 대한 청사진을 그려야 거기 맞는 아이로 길러 낼 수 있기 때문이다. 관련서적도 뒤적이면서 나름대로의 미래 사회를 그리며 이 책을 썼다. 물론 누구도 미래사회를 정확히 예측해 낼 순 없다. 더구나 요즈음 그 변화속도가 너무 빠르고 급격해서 미래학회의 주제도 미래가 아닌 현재를 논의하는 마당이 된 느낌이다.
 초판을 낸지 거의 10년이 되었다. 그간 우리 사회는 엄청난 변화를 겪어왔다. 우선 누구도 생각 못한 IMF경제위기를 겪으면서 우리가 지금껏 지녀왔던 모든 생활방식마저 바뀌지 않으면 안되었다. 기업의 경영스타일부터 개인의 생활에 이르기까지 엄청난 변화를 강요당해야 했다. 모든 게 혼란스러웠다. 지금까지 통하던 방법으로선 살

개정판을 내면서

아남을 수 조차 없다는 걸 실감나게 했다.
 '한국적'인 것으로는 통하지 않게 되었다. 세계수준이어야 한다. 이제 세계화는 한낱 구호가 아닌 생존수단이 된 것이다.
 난 솔직히 이 책을 내놓길 잘했다 싶었다. 멀리 앞을 보고 넓게 세계를 보는 안목으로 아이를 키우자고 역설한 내용이었기 때문이다. 우린 언제나 그래왔듯이 그저 눈앞의 불끄기에만 급급했다. 따라서 우리 시야도, 생각도 전혀 미래 지향적이지 못한 결정적 취약점을 갖고 있다. 세계를 상대로 하는 큰 인물도 길러 내지 못했다.
 크게 멀리보고 키워야 한다는 내 주장이 설득력이 실린건 그래서다. 모두들 뼈저리게 느꼈으리라. 지금까지 우리 엄마들이 길러온 스타일로선 미래지향적인 세계적 인물을 길러 낼 순 없다. IMF 경제 위기가 이를 증명해주었다.

이젠 엄마부터 변해야 한다. 변해가는 세상을 똑바로 보고 아이를 길러야 한다. 바야흐로 세계는 정신없이 변해가고 있다. 이 책을 다시 수정보완하지 않을 수 없었던 것도 이 때문이다.

큰 줄거리는 그대로다. 다만 예제들이나 작은 부분에서 좀더 현대 감각에 맞게 고쳐 썼다.

이 책이 출간된 후 많은 엄마들의 격려와 찬사가 쇄도했다. 이 책을 중심으로 스터디그룹을 만들어 함께 토론도 하는 장에 초대되기도 했다. 감사할 따름이다.

개정판 출판을 맡아주신 풀잎 스태프에 감사드린다.

차례

1 요즈음 부모, 요즈음 아이들

자신있게 키우려면	11
어머니가 앉아야 하는 이유	15
핵가족의 한계	18
어른 없는 집	22
한 집에 두 엄마	25
천재망상증	29
크게, 멀리 본다.	33
집착을 버려라	36
꾸중 못하는 부모	41
꾸중의 원칙	43
수험전쟁의 후유증들	47
개성있는 아이로	51

2 아이들은 강한 아버지가 보고싶다

자녀 교육권	59
강해야 아버지다 ①	63
내주장(內主張) 가정	67
세대로 이어지는 비극	69
석이 엄마 이야기	71
'옹고집 아버지'의 향수	76
자녀와 함께 성장한다.	80
하는 일에 긍지를 보여라	83
아버지가 하는 일을 보여라.	86
훈육의 언덕, 엉덩이	88
강해야 아버지다 ②	92
부모의 애정구조상의 차이	94

세계는 넓다.	97
지구촌의 일원으로	99
요령에 앞서 원칙을	101
정도를 걸어야	104
혼자 멀리 보내라	106

3 끊어라, 떠나 보내라

아버지와 자식간의 거리는?	113
내 기준으로 보지 말라	117
부자의 대결	121
아이를 믿어라	125
효부 효모	131
자격 없으면 낳지를 말아야지	134
누구를 위한 3수냐?	138
인색할수록 좋다	141
아비 어려워하는 자식	144
나무람 속의 정	148
끊어라, 떠나 보내라	150

4 크게, 멀리 보고 키운다

태양 아래, 진흙 속에	157
아비는 자식의 거울	161
알아야 면장?	166
있다고 다 주지 말라	169

차례

밝은 얼굴, 낙천적 사고	181
거꾸로 하는 공부	186
대입, 그 이후	190
그늘로 키운다	193
실수가 약이 되게	198
학력시대는 갔다	203
도와주기 전에 열을 헤아려라	207
큰그릇, 긴 기다림	211
밝고 힘찬 목소리	215

1

요즈음 부모, 요즈음 아이들

1
요즈음 부모, 요즈음 아이들

자신있게 키우려면

캔디파파의 원산지에서도 최근 '엄격한 부모회'가 조직되고 있다.

'요즈음 아이들'
자주 듣는 말이다. 어떤 아이일까?
깜찍하고 똑똑한 아이의 대명사일 수도 있다. 하지만 부정적인 의미가 더 많은 게 우리의 현실이다. 버릇없고, 책임감, 자율성도 없으면서 성적으로 조숙하여 방종으로 흐르고, 인내심 없고 나약하여 작은 일에도 당황하는 못난 이미지가 더 짙은 '요즈음 아이들'이다. TV 언어나 흉내내는 걸로 깜찍한 인상을 줄 수도 있지만 그 바닥엔 많은 취약점을 안고 있다. 재롱이나 떨지 감사할 줄 모른다. 일을 당하면 눈치나 살피고 우유부단하다. 결단을 못 내리고 자신감도 없다.

모든 걸 갖춘 환경에서 왜 이렇게 취약한 아이들이 길러지고 있는 걸까? 맨주먹 하나로 뛰어 온 우리 세대로서는 이해하기 힘든 일이다.

이글거리는 눈망울엔 불꽃이 튀었다. 자만에 가까운 자신감이 넘쳐 흘렀던 지난 세대의 어린 시절이었다.

무엇이 오늘의 나약한 세대를 만들었을까? 하루아침에 체질이 바뀐 것은 아닐 것이고, 문제는 애들이 처한 환경이다.

사회·학교·가정이 다 병들었다. 병도 아주 중증이다. 굳이 전문가의 해석이 필요치 않다. 거리에 나서면 저 속에서 애들이 정신착란증을 일으키지 않고 집 찾아 돌아오는 것만으로 고맙다. 가치관의 혼란 속에 불확성 시대는 모든 사람에게 불안을 심어주고 있다. 선택의 폭이 넓어지면서 그만큼 선택하기도 힘들다. 방황하지 않을 수 없게 되었다.

거기다 학교는 또 어떤가. 경쟁과 입시 위주의 교육이 전부다. 인간교육이란 허울조차 찾아보기 힘들다. 20%의 소수 대학 진학생을 위해 나머지 80%의 낙오자는 그저 들러리일 뿐이다. 패배와 좌절 속에 허덕여야 한다. 그렇다고 대학에 들어간 애에게 문제가 없는 것 또한 아니다. 명문대 학생에게서 노이로제 성향이 80%나 나타난다는 보고는 가히 충격적이다.

이제 남은 건 가정이다. 여기가 애들 정서 교육에, 인격 함양에 그리고 인간 교육의 최후 보루다. 불행히도 여기라고 예외는 아니다. 오늘의 우리 가정도 병세가 짙다. 아버지는 실종, 엄마는 과잉이다. 엄마는 너무해 탈이고 아버지는 너무 안해 또 탈이다. 전통적인 '엄부 자모'의 틀이 완전히 사라져버린 것이다.

잦은 정변에도, 일제의 말살 정책에도, 그리고 6·25전쟁의 굶주림 속에서도 엄부 자모의 전통은 수천 년을 맥맥히 이어왔다. 엄격한 아버지, 자상한 엄마의 조화와 균형 속에 세계적으로 우수한 '한국인'이 길러져 왔던 것이다. 여기에 금이 갔으니 이른바 '요즈음 아이들'이 양산되고 있는 것이다. 하지만 이대로 보고만 있을 순 없다. 여기에 손을 봐야 한다. 학교나 사회 환경이야 어쩔 수 없는 일이라 치더라도 가정만은 지켜야 한다. 건전해야 한다.

부권(父權)이 부활되어야 한다. 아버지의 위상이 재정립되어야 한다. 엄마는 앉고 아버지는 서야 한다. 아버지의 엄격함, 당당하고 의연한 모습이 다시 살아날 때 비로소 아이들도 자신감을 회복하게 될 것이다. 무슨 잘못을 했기에 눈치나 보고 뒷전에 맴돌아야 하나?

문제아가 생길 적마다 아버지의 부재, 엄마의 과잉보호는 단골 메뉴로 등장한다. 대화가 없었느니, 심지어 무관심했느니, 하숙생이란 딱지까지 붙여진 요즈음의 아버지다. 매스컴도 덩달아 야단이다. 청소년 문제가 생길 적마다 눈치나 살피며 뒷전에 맴돌던 아버지가 앞으로 끌려나온다. 뭇매를 맞는다. 그래서 모두들 죄인 같은 기분이 든다. 괜히 미안하고 뭔가 잘못하는 것 같다. 무슨 말을 어떻게 해야 할 건지 자신이 없다. 꾸중하다간 반발하지 않을까? 전문가에게 가봐야 뾰족한 처방도 없다.

오다가다 책을 펼쳐야 도움은커녕 혼란만 온다. 온통 외국식이다. 스포크 박사의 육아법이 한때 대단히 유행했다. 특히 교육수준이 높은 가정일수록 더욱 신봉했다. 그래서 모두들 '사탕 아버지'가 되려고 했다. 부드럽고 인기있는 아버지가 이상인 줄 알았다. 요즘 그런 가정은 많다. 하지만 이 방법은 지금 미국에서도 맹렬한 비판을 받고 있다. 심지어 미국이 전락한 원인을 여기에다 돌리는 학자도 있다.

최근에는 그 반발로 '엄격한 부모회'가 미국 전역에서 조직되고 있다. 물러빠진 아버지로서는 강한 미국인을 길러낼 수 없다는 반발이다. 그뿐 아니다. 유태식도 나왔고 독일식도 나왔다. 일본의 사무라이 정신 비슷한 이야기도 한국 부모에게 널리 읽힌 적이 있다. 심지어 어느 교육구청에선 이걸 요약해서 교육 지침으로 하달한 넌센스까지 빚었다.

도대체 한국 아이들을 어쩌겠다고 이러는지 알 수가 없다. 외국 이야기도 좋은 점이야 본받아지. 하지만 한국 아이는 한국스럽게 키워야 한다.

'엄부자모', 이보다 더 이상적인 가정 교육은 없다고 난 믿고 있다. 교육 전문가는 아니지만 임상 정신과 의사로서, 수많은 문제아 진료를 하면서 내가 느낀 점이다.

자신있게 키워야 한다. 자신을 가져야 한다.

한국의 아버지, 무슨 잘못을 저질렀단 소리냐? 치열한 경쟁

속에 격무에 시달리면서 내 가정을 위해 밤낮을 뛰고 있는 아버지다.

아이들과 시간을 많이 갖는 것만이 대화는 아니다. 아버지는 몸으로 말한다. 아버지는 거기 그렇게 있는 것만으로 모든 말을 하고 있는 것이다. 권위란 말로써 이루어지는 게 아니다. 아이들이 보고 느낄 수 있어야 한다. 인기있는 아버지가 아니고 존경스런 아버지가 돼야 한다.

어머니가 앉아야 하는 이유

앉을 坐자는 두 사람이 땅위에서 마주 바라본다는 뜻이다.

서구 사람은 독립심이 강하다. 혼자서도 의젓하다. 하지만 겉보기와는 달리 내심 불안에 떠는 사람들도 적지 않다. 미국에서 이런 환자들의 정신 치료를 하노라면 자주 나오는 이야기가 있다. 어릴 적 밤중에 잠이 깨 보면 깜깜한 방에 혼자 뎅그라니 누워있는 자신을 발견하고 겁에 질려 울지도 못하고 아주 발작 상태에 빠졌다는 내용이다. 불안하면 그 때 생각이 나고, 그 생각이 나면 불안에 떨게 된다는 것이다.

이런 이야기를 듣고 있노라면 한국 아이들은 참 행복하단 생각을 하게 된다.

서구에선 아주 갓난애 적부터 딴 방에 재운다. 장가들 때까지 엄마 젖을 만지며 잘 수 있는 우리와는 처지가 다르다.

일찍부터 끊고 보내는 훈련을 시켜 독립심이 생기는 건 사실이나 이게 잘못 되면 아이들에게 정서적 불안이라는 상처를 남길 수도 있다. 미처 준비도 안된 아이에게 지나친 독립을 강요하다 보면 억지로 떨어지긴 하지만 정서적으로 안정이 되지 않는다.

거기 비하면 한국 아이들은 정서적으로 안정은 되지만 언제까지나 부모에게 의존해야 하는 '어른아이'로 되는 게 문제점이다.

서구 엄마는 너무 일찍 떠밀어내고 한국 엄마는 너무 늦게까지 잡아두고 있다. 서로가 반반씩 되었으면 좋겠다. 너무 일찍도 말고, 너무 늦게도 말고 적당한 시기에 어떻게 떠나 보내야 할 것인가를 잘 연구해 봐야 한다.

교육이란 곧 엄마로부터 떨어지는 시기를 어떻게 조절하며 어떻게 훈련시킬 것인가 하는 데 있다. 이것은 모든 동물에게 부과된 생존을 위한 과업이다. 어미로부터 떨어져 나가는 훈련을 시키는 것은 짐승마다 시기도, 방법도 다르지만 그 과정은 참으로 진지하고 엄숙하다. 적으로부터 피하는 방법을 비롯해서 위험에 대처하는 능력, 먹이를 구하는 훈련까지 대단히 힘든 훈련과정이다. 때로는 모진 시련도 가하면서 철저한 훈련을 시킨다. 이건 장난이 아니다.

여기에 비한다면 한국 어미의 훈련 과정은 너무나 안이하다. 언제나 품에 끼고 다니기 때문에 강성 체질이 길러질 기회가 없다. 그렇게 키웠다간 동물의 세계에선 제 먹이도 구해 오지 못해 굶어죽기 십상이다.

〈엘자〉라는 영화가 있었다. 사자 새끼를 주워다 집에서 애완 동물처럼 기르다 이제 다 자라 그들이 태어난 밀림으로 보내려고 데려 나갔다. 떼어놓고 돌아오면 사자가 먼저 집에 와 기다리고 있다. 다시 밀림으로 데려가지만 토끼 한 마리 제 힘으로 사냥할 줄 모른다. 생쥐한테도 놀라 도망쳐 온다.

기가 찬 부부는 그날부터 사자의 야성을 되찾아주기 위해 그 야말로 피나는 노력을 한다.

드디어 어느 날 사자는 우렁찬 포효를 남기고 밀림으로 사라진다.

한국 엄마에게 꼭 들려주고 싶은 이야기다.

요즈음 우리 아이들은 너무 나약하다. 심약한 나머지 혼자서는 무슨 일 하나 못한다. 연필 한 자루 제 손으로 못 사오는 아이도 적지 않다. 너무 오래 끼고 있기 때문이다.

기왕 끼고 있으려면 집에서 조용히 앉아 기다리는 엄마여야 한다. 아버지는 서서 일하고 엄마는 앉아서 기다리는 사람이어야 한다. 아이들은 엄마가 거기 그렇게 앉아 있는 것이 확인돼야 마음 놓고 놀러 나갈 수도 있다. 언제나 조용히 나를 기다려 주는 엄마가 있다는 것만으로도 아이들은 안심이 되고 안정이 된다. 밖으로 나갔다 다시 돌아와 엄마를 확인하고 이번엔 좀더 멀리 나간다.

아이를 키워 본 엄마라면 이런 현상은 누구나 익히 보았을 것이다.

한데 요즈음 엄마는 너무 바쁘고 서성댄다. 아이가 안정이 될 수 없다. 나들이 준비하는 엄마를 초조히 지켜보고 선 아이의 심경이다. 나를 데리고 갈 건지 떼 놓고 갈 건지 조마조마하다.

들판이나 유원지에서 등에 아이를 업고 춤을 추는 젊은 엄마를 보게 된다. 엄마가 뛸 적마다 잠든 아이의 고개가 이리 흔들 저리 흔들, 곧 떨어지기나 할 것같이 조마조마하다.

아이와 함께인 이상 엄마는 앉아야 한다. 젖을 먹여도 앉아 먹여야 아이가 안정된다. 심장박동도 정상으로 된다. 앉아야 비로소 엄마의 눈과 아이의 눈이 편안한 자세로 교류가 될 수 있다. 눈은 마음의 창이다. 조용한 엄마의 눈, 애정 가득한 엄마의 눈이 가까이 다가올 때 아이는 그지없이 평화스러운 것이다.

이런 교류는 엄마가 선 자세에선 안된다. 쳐다보고 내려다보는 것으로 이런 정분의 교류는 일어나지 못한다.

요즈음 아이들이 주위가 산만하고 안정이 안되는 것은 엄마가 서 있기 때문이다. 너무 서성이기 때문이다.

엄마가 앉아야겠다. 그러다 아이가 자라 엄마보다 크면 이번엔 아이를 앉혀라. 엄마와 마주 앉으면 아이들 마음이 가라앉는다.

앉을 좌(坐) 자는 두 사람이 땅 위에서 마주 본다는 뜻이다.

핵가족의 한계

핵가족의 가장 큰 불행은 아무도 꾸중할 어른이 없다는 것이다.

세상에 이럴수가. 그래도 내일 아침 해가 뜰 것인지 두렵다. 어린 3남매가 아버지를 죽였다. 방망이로 치고 칼로 찌르고, 그것도 무려 47군데나 난자했다. 겨우 10대 초반의 아이들이 ……

이 비극의 일차적인 문제는 그 아버지다. 의처증에, 심한 주벽으로 그는 평소에도 곧잘 아내와 아이들을 때리곤 했었다.

그날도 아내뿐 아니라 딸의 목을 졸라 죽이겠다고 위협했다. 아이들은 겁에 질려 달아났지만 엄마는 꼼짝없이 계속 매를 맞고 있었다. 엄마를 구해야겠다는 본능적인 행동이었을 것이다.

이 사건을 지켜보면서 인간이란 무엇이며 부모자식 사이는, 또 가족이란 무엇인가를 돌이켜보게 된다. 이건 어쩌면 이 가족만의 문제가 아닐지 모른다. 많은 가정이 그런 잠재성을 안고 있는 건 아닌지, 아니면 우리 사회가 안고 있는 병폐가 표출된 것에 불과한 건 아닌지. 이 아버지는 인격적으로 완전한 패륜이요, 정신병자다. 그가 어찌해서 아직 병원에 있지 않고 가정에 있었느냐 하는 것부터가 우리 사회의 문제점이다.

술주정에 대해선 지나치게 관용적인 우리 풍토도 문제다. 술에 취했다는 이유 하나만으로 어떤 행패도 용서해야 한다는 '미풍' 때문에 가족이나 이웃이 입어야 할 피해는 심각하다.

참고 덮어주는 것만으로는 안된다.

술주정은 병이다. 술 한 잔에 광기가 폭발하는 등의 증세는 알코올성 환각증이나 정신병이다.

의처증도 그렇다. 이를 단순한 부부싸움이려니 하는 생각은 잘못이다. 병치고도 큰 병이다. 주벽에 의처증이라면 알코올성 편집증이다. 그대로 두면 사람을 죽일 수도 있다. 이 엄마는 그간 장파열로 수술까지 받았다고 한다. 여태까지 죽지 않은 것만으로도 다행이다.

이젠 주부도 과학적이어야 한다. 순종과 참는 것만이 능사가 아니다. 앉아 신세타령만으로 해결되지 않는다. 부지불식간에 남편을 원망하게 되고, 차라리 죽었으면 좋겠다는 말도 그 상황에선 나오게 된다. 아버지를 죽이고 싶었다는 아이 생각이 그냥 생긴 건 아니다.

문제해결을 위해선 보다 현실적이고 적극적이어야 한다. 이런 최악의 경우라면 별거나 이혼이 구원일 수도 있다. 그래야 아이들만이라도 건강할 수 있기 때문이다. 그게 또한 남편을 위하는 길이기도 하다.

막연한 기대가 비극을 자초한 것이다. 남편은 황폐일로로 치닫고, 아이들은 아버지를 더욱 미워하게 되고, 끝내는 엄마의 원수를 갚아야 한다는 '정의감'에 사로잡히게 된다.

아버지만 없다면 우리끼리 잘 살 수 있을 것이라는 생각이 끝내 이 참극을 빚어낸 것이다.

어떻게 되겠지 하는 이 엄마의 미련만을 탓할 수 없을는지도 모른다. 찌든 가난으로 입원 치료는 엄두도 못내 보았을 것이다. 돈이 마련된다 해도 순순히 따라나설 남편도 아니다. 그러니 참고 견딜 수밖에 달리 해결책이 없는 부인의 딱한 처지가 이해된다.

그렇다면 문제는 이제 사회로 돌아온다. 우선 폭력이 난무하는 사회상에도 책임의 일단이 있다. TV, 비디오, 영화 …… 골목 어디에서나 폭력이 난무하고 있다. 큰 죄책감도 없다. 결과에 대한 두려움도 없다. 거기다 폭력을 휘두를 때의 통쾌함, 시원함까지 곁들여 있고 원수를 갚는다는 정의감도 있다. 이 사건을 보노라면 3남매의 마음 속엔 이러한 요소들이 다 깃들어 있음을 엿볼 수 있다. 어린이의 마음은 사회의 거울이다.

따져보면 친족 살해가 이번이 처음은 아니다. 노름하는 아들을 죽인 아버지, 가출 아내를 죽인 남편도 있었다. 앙천격노할 노릇이다. 한데 언제부터인가 사람들 마음속에 동정론이 일기 시작했다. 맞아 죽어도 싸다는 것이다. 이젠 법에서도 이러한 심정논리가 받아들여지고 있는 것 같다. 오죽하면 그랬을까 하는 동정론이 이해가 가긴 했지만 이 역시 위험한 것이다. 어떤 경우에도 제 아버지를 죽인다는 건 하늘 아래 있을 수 없는 일이다. 이 점 분명히 하고 넘어가야 한다.

지금 우리 사회는 극한 심리가 팽배해 있다. 걸핏하면 폭력이요 살인이다. 양같이 순한 백성이 어쩌면 그리 잔인할 수 있는지 치가 떨린다. 성이 났다 하면 그만 이성을 잃고 사생결단의 자세가 된다. 너 죽고 나 죽자는 판이다. 이러한 사회 분위기가 자라는 어린이에게 어떤 영향을 끼칠 것인지는 굳이 전문가의 견해를 물어야 할 것도 없다. 이제 우리도 문제를 합리적으로 해결하는 민주의식을 몸에 익혀야 한다. 불법·극한 폭력대결이 아닌, 대화와 타협으로 갈등을 풀어 나가야 한다.

이 사건을 지켜보면서 또 한 가지 간과해선 안될 것이 핵가족의 위험이다. 집에 조부모가 계셨던들 이 집이 그 꼴로 되진 않았을 것이다. 아비가 그렇게 방자한 폭군으로 될 수도 없을 것이며 그러한 행패를 그냥 두지도 않았을 것이다.

아이들의 끔찍한 짓도 어떻게든 막았을 것이다. 불행히 이 집엔 꾸중할 어른도 없었다. 그렇다고 이웃이 많은 것도 아니다. 모래알처럼 되어버린 도시생활이다. 동네 어른이 사라진 지 이미 오래다. 핵가족이다, 도시생활이다, 그게 마치 이상향이나 되는 것처럼 착각하는 현대인에게 하나의 경종이 아닐 수 없다.

더구나 이런 문제 가정을 상담 지도해 줄 수 있는 사회기구가 전무한 것이 우리의 또다른 문제점이다. 찾아가 상담할 수 있는 전문기관을 바로 이웃에 두도록 하는 것이 선진국의 시책이다.

복잡한 현대 사회에서 상처받기 쉬운 가정의 복지를 위해 반드시 있어야 할 기관이다. 그리고 그 책임은 정부에 있다.

각급 학교 상담실도 그 운영이 지극히 부실하다. 과밀학급과 입시준비로 쫓기는 담임 선생님의 학생 지도에도 큰 허점이 생겨 있다. 조금만 관심을 갖고 학생들을 지켜볼 수 있는 학교 분위기가 되었다면 이 비극도 예방할 수 있었을 것이다.

이런 비극은 또 일어난다. 집에서 학교에서 그리고 사회에서 과학적인 대처를 해야 할 때이다.

어른 없는 집

그저 반항만 말고 문제만 일으키지 말아 달라는 요즘 아버지들

어른 없는 집이 되었다. 무릎꿇고 엄한 법도를 배우던 사랑방도 사라졌고 응석으로 뭉개던 할머니 안방도 사라진지 오래다.

이젠 낯선 응접실에 어른 아이가 따로 없다.

집안에 조부모가 안 계신다는 건 가문의 역사, 가풍을 비롯한 전통의 전수가 단절된다는 걸 의미한다. 젊은 부부는 당장 친척이 누구인지도 모른다. 된장, 아니 김치라도 옳게 담글 줄 알면 다행이다. 아이들에게 작은 일이 생겨도 덜컥 겁부터 나는 게 젊은 엄마다. 경험도, 의논할 상대도 없으니 매사에 불안하고 자신이 없다.

엄마의 불안은 아이에게 전염된다. 요즈음 젊은이들이 자신없어 하고, 때론 작은 일에도 불안에 떠는 이유가 이해될 것이다. 결단을 못 내리고 우유부단한가 하면 또 한편 방자하고 무례하다.

으슥한 골목에서 10대의 무리를 만나면 겁이 나는 게 요즈음 세태다. 다음 순간 무슨 짓을 저지를지 불안한 것이다.

급증하는 청소년 비행·성범죄·마약 등은 이들의 자제력 부족에서 비롯된다. 때론 자기과시 쪽으로 치닫기도 하고 혹은 동물적 잔인성을 드러내기도 한다.

조부모가 집에 계시는 것만으로 집은 평안하고 안정이 된다. 아버지가 할아버지를 공경하고 극진히 모심으로써 아이들도 어른을 존경하고, 그러면서 친근감을 갖게 될 수 있다. 효도 이런 속에서 자연스럽게 발생한다. 이렇게 자란 아이는 사회에 나가서도 선배나 상사를 존경하게 되고 그들로부터 인정을 받음으로써 사회적으로 유능한 사람으로 성장해갈 수 있다.

어른없이 자란아이는 다르다. 윗사람에게 반항한다. 기성에 대한 반항이다. 뚜렷한 명분이 있는 것도 아니다. 누가 이런 젊은

이를 상대나 할 것이며 인정해주랴. '호로자식'이란 소리나 안 들으면 다행이다.
  집에 엄연히 아버지가 있는데 왜 이런 소리를 들어야 하는 걸까? 한마디로 아버지가 약하기 때문이다. 핵가족의 취약성을 보완하기 위해서도 아버지에게는 객관적인 권위가 있어야 하고, 위풍당당해야 하는데 불행히 이런 강한 부성원리(父性原理)는 찾아볼 수 없다. 권위와 존경보다 사랑과 인정의 대상이다. 엄마 같은 아버지가 되어가고 있는 것이다. 현대적이다, 민주적이다 하여 요즈음은 이런 아버지를 마치 이상적인 상(像)으로 알고 있는 사람도 많다. 하지만 그건 천만의 오해다.
  강한 아버지가 집에 버티고 있는 것만으로도 아이들은 정서적으로 안정된다. 왜냐하면 아이들은 항상 나쁜 유혹에의 충동, 그리고 아직은 약한 자제력 사이에서 갈등을 느끼고, 이것 때문에 안정을 잃고 있다. 이런 때의 '원군'이 강한 아버지다. 엄한 아버지 생각만 해도 무서워 나쁜 충동이 가라앉기 때문이다.
  불행히 요즈음 핵가족 아버지는 꾸중 한 번 소신껏 못한다. 행여 아이들이 반항이나 하면 어쩌나, 기분을 상하게 해서 수험공부에 지장을 주면 어쩌나 하는 걱정 때문이다. 거기다 청소년 문제만 나오면 매스컴은 아버지의 '부재'를 규탄하고 나선다. 회사일에 쫓기는 아버지는 마치 죄인이라도 된 기분이다. 꾸중은커녕 아이들 말이면 무조건 복종이다. 용돈도 한 푼 달라면 두 푼을 준다. 그저 반항만 말고 문제만 일으키지 말라는 애원이다. 선물을 사도 푸짐하다. 하지만 불행히도 이건 선물이 아니라 뇌물이다.

잘봐 달라는 애원이요 부탁이다. 아이들이 방자해질 수밖에 없다. 쓰임새가 헤플 수밖에 없다. 눈앞의 평화를 위해 쓴 아버지의 선심이 훗날 비행의 소인을 제공하고 있다는 사실을 까맣게 모르고 있는 것이다.

핵가족의 문제는 심각하다. 도시에선 이웃과도 단절되어 있으니 문제가 생겨도 구제할 길이 없다. 더구나 집안 이야기는 체면 때문에 누구와도 의논하지 않는 게 우리의 인습이다. 그렇다고 정부기관에서 핵가족의 이런 문제를 상담, 지도할 시설을 마련해 주는 것도 아니다. 각자가 책임져야 한다. 비장한 각오와 현명한 대책을 강구해야 한다. 핵가족이 이상적이라고 생각하는 젊은 부부라면 이 점 깊이 유념해야 한다.

한 집에 두 엄마

아이한테 얻어맞아 3주간 입원 치료한 아버지도 있다.

너무 엄하게만 길러도 애들 기죽는다.

어떻게 된 영문인지 요즈음 엄마들은 애들 기죽는 데 대해 그렇게 신경을 쓰는지 알 수 없다. 애들 기죽을까 싶어 조심조심이다. 그 바람에 엄마 기도 죽는 건 물론 아버지마저 고함 한 번 못 지르게 한다.

아이들 기를 살리기 위해 꾸중은커녕 그저 '네가 제일이다'고 치켜세우기 바쁘다. 아버지도 사탕 아빠다. 부드럽기가 솜사탕 같다. 그래야 애들이 기죽지 않고 어딜 가든 가슴 활짝 펴고 당당한 아이가 되는 줄 알고 있다. — 천부당 만부당한 소리다.

　결과는 둘 중 하나다. 세상에 안하무인이 되는 게 그 중 하나다. 세상에 저보다 잘난 놈 없다는 과대망상증에 빠져 남이야 뭐라든 나 하고 싶은 대로 하는 자기중심적이고 이기적인 인간이 됨으로써 뭇사람의 지탄의 대상이 된다.

　그 다음 한 가지는 그와는 정반대로 조심 일색이 되는 경우다. 그 부모가 자기한테 했던 것처럼 사람들 눈치나 보고, 행여 기분을 상하게 하랴 말 한 마디 못한다. 충돌을 피하기 위해 항상 생글거리고 웃어야 한다. 어떤 적의도 상대에게 보여선 안된다. 공손하고 부드럽다.

　미스 김이란 별명을 가진 사내아이가 있었다. 그는 별명처럼 생김새나 몸가짐이 지극히 여성스러웠다. 고1 남학생으로서 아직 여드름도 한 개 없는 앳된 얼굴이었다.

　저 아이가 어떻게 그런 짓을 저지를 수 있었을까? 담당 경찰관도 믿기지 않았다고 한다. 그것도 대낮에, 여러 친구들이 보는 앞에서 길가는 여학생에게 덤벼들어 용감하게 성폭행을 해보인 것이다.

　그의 성장 배경을 살펴보면 그 수수께끼가 풀릴 것이다.

　그는 미인 엄마와 깔끔한 은행가인 아버지 사이에 장남으로 태어났다. 어릴적부터 예쁘단 소리를 듣고 자라 뭇 사람의 귀여움을 독차지했다. 부모도 그를 사랑으로 감싸안고 키웠다. 엄마는 물론이고 아버지도 전형적인 '사탕 아빠'였다.

중학까지, 아니 이 사건이 터질 때까지도 그에겐 아무 문제가 없었다. 선생한테도 귀여움을 받았고 반의 큰 아이들도 녀석한테만은 인형처럼 귀엽게 대해줬다.

그의 고민은 이 점이었다. 사람들이 모두 자기를 예쁘게, 귀엽게 봐주고 있다는 점이 싫었던 것이다. 미스 김이라는 별명도 그에겐 자존심 상하는 일이었다.

'언젠가는 한 번 보여줄 것이다. 나도 용감한 사나이라는 걸 증명해 보일 테다.' 그는 언제나 그 기회가 오길 벼르고 있었다.

사건이 터진 것은 학교 소풍에서 돌아오는 길에서였다. 친구 몇이서 으슥한 길모퉁이를 돌아오는데 저만치서 여학생이 오고 있었다. 일당들은 순간 긴장했다.

"야, 저거 어떻게 해보자구…… 고것 괜찮은데……."

고1 머슴애들이 오죽했으려구.

하지만 여학생 옆을 지나치면서도 말뿐이지 누구 하나 말 한마디 붙이는 녀석은 없었다. 그때였다. 조용히 오던 '미스 김'이 비호같이 여학생을 낚아채더니 옷을 벗기기 시작했다.

상황은 순식간에 끝났다. 당황한 건 친구들이었다.

"아니 저 계집애 같은 애가?" 모두들 놀랐다.

그가 노린 점은 바로 이것이었다.

"놀랐지? 새끼들, 이젠 나보고 계집애라고 놀리지 마!"

그는 경찰에 잡혀 와서도 은근히 기분이 좋았다. 복수를 한 그런 기분이었다. 큰 숙제를 푼 것도 같고 무거운 짐을 벗은 것도 같았다.

이 착한 모범생이 왜 이렇게 되었을까? 녀석이 여자아이처럼 곱게 타고난 것도 문제라면 문제다. 하지만 근본적인 문제는 집에 엄마가 두 사람이었다는 사실에 있다.

그의 아버지는 말이 아버지일 뿐 엄마보다 더 부드러운 엄마 같은 아버지였던 것이다.

요즈음 이런 아버지가 많다. 아이들과 TV채널 선택문제로 다투다가 결국 지고 밀려난 아버지가 자기 방에서 자살기도를 했다. 아이한테 얻어맞아 3주동안 입원한 아버지도 있었다.

웃겨? 그 꼴 안당했다면 당신은 그래도 행운아다.

참으로 어이없는 세상이다. 어쩌자고 아버지가 이렇게 나약해 빠지게 됐을까? 사탕보다 더 달콤한 아버지요 솜털보다 부드러운 아버지다. 치마를 걸쳐 입지 않은 것만으로 다행이다.

남자가 아기를 못 낳는 것은 자궁이 없어서가 아니다. 여성 특유의 '부드러움'이 없기 때문이다. 아버지의 억센 팔에 안긴 아이는 든든하고 믿음직한 느낌일 뿐 엄마 품에 안긴 따뜻하고 편안한 느낌은 아니다.

어느 하나만으로는 안된다. 둘이 조화를 이루어야 한다. 이게 천지 창조주의 균형의 원리다.

엄마에게 부드러움이 없어선 안되듯이 아버지는 부드러움 일변도만으로는 안된다. 아버지의 부드러움은 등뒤에서 보이지 않게 은근히 전달되어야 하는 속성을 갖고 있다. 조명으로 치면 간접 조명이다. 보이지 않게 등뒤에 감춰진 그 부드러움을 아이들이 찾아 느낄 때 감동을 느낀다. 정녕 아버지가 빛날 때는 그런

순간이다.

아버지다운 아버지여야 한다.

천재망상증

유태의 유치원에선 아이들에게 글자를 가르치지 않는다.

한국 엄마의 소원은 하나같이 아이 공부 잘하는 것일 게다. 다음이 남편 돈 잘 버는 것, 그리고 세 번째가 남편의 건강이다. 자신은 물론 아이의 건강은 뒷전이다. 어떤 희생을 치르더라도 아이 공부를 잘 시켜야 한다. 그게 전부다.

그래서 모든 엄마는 아이가 천재이기를 바란다. 개발만 잘하면 그렇게 될 수 있을 것으로 믿고 있다. 아이에 관한 한 천재망상증에 걸린 엄마는 의외로 많다.

천재로 키우기 위해선 일찍부터 서둘러야 한다. 유치원도 들어가기 전에 온갖 지능개발 기구를 사다놓고 아이를 달달 볶기 시작한다.

　요즈음 토막기사에 실린 조기교육 붐이 이런 엄마들의 안달을 더욱 부채질하고 있다. 유치원 과외를 시키는 엄마가 실제로 있다니 말이다. 한글은 물론이고 영어까지 가르친다. 그뿐인가, 온갖 예체능 학원까지 아주 결사적이다.

　인가도 없는 사설학원 사업이 주택가 깊숙이까지 침투한 사연이 알만하다.

　"이 아이는 소질이 있습니다. 천재성을 발휘할 수 있도록 개발을 잘해야 합니다. 저한테 맡겨주십시오."

　이 한 마디에 넘어간다. 아니, 넘어갈 준비를 하고 왔다.

　이렇게 해서 조기교육, 영재교육이 시작된다.

　이것이 오늘날 한국 주택가 뒷골목에서 벌어지고 있는 천재교육의 실상이다.

　문외한인 내가 그 교육적 폐해를 이야기할 처지는 아니다. 하지만 아이들 정서발달에 너무도 엄청난 폐해를 주고 있다는 사실만은 지적하지 않을 수 없다. 한 마디로 이 무거운 짐을 지고서도 옳게 자랄 수 있는 아이는 없다. 비틀거리다 쓰러진다.

　천재는 이렇게 길러지는 게 아니다. 첫째, 천재는 타고난다. 그리고 그 확률은 대단히 낮다. 흔하면 천재가 아니다. 그 다음, 어느 분야의 천재성을 찾아내기 위해서는 전문적이고 종합적인 접근을 해야 한다.

　외국의 경우는 학교 추천에 의해 전문적인 기관에서 아이를 종합평가한다. 그 다음 이 아이가 천재교육 프로그램을 감당할 수 있는지에 대한 심리학·정신의학적 평가도 함께 한다. 모든 조건을 갖추었다고 생각될 때 최후로 부모와 아이의 동의를 구해야 한다. 여기서 싫다면 그 아이는 여느 아이처럼 보통 교육을 받게 된다.

이래야 순리다. 한데 우리는 거꾸로다. 엄마가 천재라는 판단을 먼저하고 사설 학원에 의뢰한다. 학생이 돈이라 학원 선생은 엄마의 천재망상에 동의한다. 심지어 지능 검사하는 선생에게 뇌물 공세를 펴는 엄마도 있다. 좀 올려 달라는 부탁이렷다.

그러니까 우리의 천재교육은 출발부터가 엉터리다. 설령 진짜 천재성이 있기로서니 그다음 계속해야 할 제도적 장치가 거의 없다. 외국에서는 천재아이들을 위한 특수 교육 프로그램이 따로 있다. 교육 정책상 큰 특혜를 준다. 나라는 소수의 천재들에 의해 발전되어 간다는 사실을 믿기 때문이다. 국가에서도 과감한 투자를 한다.

우리는 이 점에서는 아직 미개국이다. 요즈음 일각에서 실험적인 제도가 논의되고 있지만 정착되기까지는 요원하다.

천재교육은 타고난 재능, 정서적 수용력 그리고 범국가적인 제도적 지원이 있어야 한다. 엄마의 욕심, 극성으로 되는 게 아니다. 돈으로 되는 것도 물론 아니다.

유태민족은 세계적 천재를 많이 배출했다. 하지만 이들의 교육은 우리와는 전혀 다르다. 유태인의 엄마도 아이들 교육에 관한 한 대단한 열성이다. 하지만 극성을 떨진 않는다.

한국의 엄마들이 들으면 놀라겠지만 유치원에선 숫자나 글자를 안 가르친다는 사실이다. 이걸 미리 가르쳤다간 국민학교에서의 정상수업이 안되기 때문이다. 이미 배운 걸 또 가르치니 아이들은 흥미를 잃게 된다. 새로운 것에의 호기심을 앗아 갔으니 공부시간에 장난만 치려든다. 선생 말에 귀를 기울이지 않고 주의가 산만해진다. 자기는 다 안다고 자만에 빠지거나 교만해진다. 자신뿐 아니라 다른 아이들에게도 방해가 된다. 선생한테 자주 꾸중을 듣게 되고, 차츰 학교가 싫어진다.

이게 엄마의 극성이 빚은 가짜 천재의 조기교육 부산물이다.

심리학 분야에서의 피아제의 업적은 찬연하다. 노벨상을 받아서만은 아니다. 그의 〈인지 발달론〉은 심리학계의 혁명이었다. 그러한 그도 중학 때까지는 평범한 학생이었다. 여느 학생처럼 보통 교육을 받고 있었다. 그의 천재성을 발견한 건 중학시절 담임선생이었다. 생물학에 비상한 재능을 인정한 선생은 그에게 일체의 숙제를 내지 않고 자기 하고 싶은 공부를 하게 했다. 다른 학과 성적은 묻지도 않았다. 선생은 그에게 특별활동을 허가했다. 학교의 정규수업보다 도서관이나 식물원, 동물원으로 보내 그곳 전문가들과 함께 공부할 수 있게 배려했다.

피아제의 천재성은 이런 기회를 통해 개발되었다. 담임선생의 뛰어난 지도력 덕이었다. 그리고 무엇보다 그런 식의 교육이 허용될 수 있는 제도적 장치가 마련되어 있었기 때문이다.

피아제가 스위스 아닌 오늘의 한국에 태어났다면 어떻게 되었을까?

한 사람의 천재가 세상에 빛을 발하기 위해선 천부적인 천재성과 이를 발견하여 교육시키는 3박자가 고루 갖추어져야 한다. 천재로 태어나도 천재로 피지 못하는 것은 비극이다. 그러나 더 큰 비극은 보통아이를 천재로 키우려는 엄마의 욕심이다. 아이의 능력에 맞게 키워야 한다. 짐이 무거우면 쓰러진다. 그냥 두면 평균작은 될 것을 천재교육으로 폐인을 만들어선 안될 일이다.

크게, 멀리 본다.
아이의 성적표가 곧 엄마의 성적표라는 그릇된 인식을 버려라.

아이보다 엄마가 더 안달이다. 성적 한두 점에 엄마의 안색이 일희일비다. 성적표를 갖고 올 적마다 마치 엄마 자신이 심판대에 오른 것같이 초조불안하다. 한두 점만 떨어져도 파랗게 질린다. 밥은커녕 잠도 못잔다. 밤중까지 이 방 저 방을 들락거린다.

한데 이게 웬일인가, 막상 당사자인 아이는 코를 골며 자고 있지 않은가? 화가 치민 엄마가 아이를 흔들어 깨운다.

"너는 그러고도 잠이 오니?"

놀란 아이가 반사적으로 책상에 붙어 앉는다. 책을 펴들었지만 눈이 열려야 한 자라도 보지.

참으로 딱한 광경이다. 이건 어거지다. 화도 날 것이다. 아이가 미워질 수도 있다. 하긴 아이도 마음이 편치 않을 것이다. 엄마 보기 미안도 하고 면목이 없다. 거기다 대고 짜증을 부리고 화풀이라도 할 셈이라면 이건 큰 오산이다.

아이 문제라면 화가 나는 건 당연한 일이다. 하지만 그것도 사안에 따라 달라야 하는 게 순리다. 점수 한두 점에 그렇게 신경질적인 반응을 보인대서야 엄마의 권위가 어떻게 될 것인가. 그만한 일로 밤새 잠을 못자고 팔팔 뛰어서야 이건 교육도 훈육도 아니다. 건설적인 자극을 주는 의미도 아니다. 그냥 속 좁은 여자의 히스테리 발작에 지나지 않는다.

엄마의 이런 신경질적인 반응은 결국 아이에게 전달된다. 아무리 느긋한 체질을 타고난 아이라도 결국 아이에게 전달된다. 잠 한숨 마음놓고 잘 수 없다. 자다가도 놀라 깬다. 자나깨나 엄마의 짜증스런 얼굴이 아른거린다. 생활 전반이 불안일색이다.

죽으라고 공부에만 매달려야 하니 얼마간은 성적이 오를 수도 있다. 하지만 계속되는 이 불안, 긴장을 감당해낼 순 없다. 불안이 계속 방해하기 때문이다. 잡념만 떠오르지 공부는 안된다. 열심히 해도 성적이 오르지 않으니 아이는 점점 초조해진다. 그럴수록 엄마는 더 안달이 나고, 이런 악순환이 몇 회를 거듭하면 그 종말이 어떨 것인가는 굳이 전문가의 결론이 필요없을 것이다.

아이의 성적이 엄마의 성적은 아니다. 무관하지야 않지만 그렇다고 전부는 아니다. 많은 엄마들은 이 점에서 큰 오해를 갖고 있다. 아이의 성적이 곧 엄마로서의 평가점으로 알고 있다. 물론 이렇게 되기까지는 사회심리적 영향도 크지만 개인의 문제 또한 간과해선 안된다. 학력 지향적인 사회 분위기, 거기다 가정교육의 일체가 엄마에게 맡겨진 우리의 현실을 감안할 때 엄마의 책임감은 큰 부담이 되고 있다.

"집에 들어앉아 뭘 했어?"

아이에게 문제가 생기면 상투적으로 내뱉는 남편의 원성이다. 이 소리 듣기 싫어서라도 열심히 공부시켜야 한다. '엄마 닮아서 그렇다'는 소리를 안 듣는 것만으로도 다행으로 알아야 한다. 억울한 일이지만 그게 오늘 우리의 현실이다.

그러니 아이가 공부를 못하면 창피해서 밖에 나가질 못한다. 아이가 낙방한 후론 동창회에도 안 나간다. 행여 누가 아이 안부라도 물을까봐 겁이 나서다. 창피하고 자존심도 상한다.

아이가 대학에 합격했다는 이유 하나로 갑자기 교만해진 동서 꼴보기 싫어 작은댁엘 안가는 엄마도 난 알고 있다.

삶의 목표를 오로지 아이의 공부에 두고 있다. 모든 꿈과 희망을 거기에 걸고 있다.

인간의 자기실현에는 세 가지가 있다. 일, 섹스 그리고 아이다. 남편과의 사이가 멀고, 하는 일이 없는 엄마일수록 남은 건 오직 아이뿐이다. 달리 정력을 쏟을 데도 없으니 오직 아이를 위해 전력투구다. 이러한 과잉 투자가 비극의 씨앗이 된다.

속이야 상하겠지. 하지만 초연해야 한다. 속은 끓어도 대범해야 한다. 엄마의 불안, 엄마의 신경질이 아이에게 전염되어선 안 된다. 그래도 흔들리지 않는 아이도 있지만 그러면 안되는 아이도 있다. 달달 볶으면 공부를 더 잘하는 아이도 있지만 그럴수록 더 초조해서 공부가 안되는 아이도 있다.

좀 크게, 멀리 보자. 아이는 저마다의 개성이 있다. 공부 잘해 나중에 출세하는 사람도 물론 있다. 줄곧 상위권을 달려 명문대를 졸업하고 출세가도를 달리는 사람이다. 거기다 건강하게. 하지만 그럴 수 있는 사람은 확률적으로 따져 1천분의 1도 어렵다는 통계다. 나머지 사람들은 공부는 적당히 하면서 다른 분야에서 두각을 나타낸다.

당신 아이가 어느 쪽인가를 잘 판단해야 한다.

데카르트는 늦잠이 많았다. 해가 중천에 떠야 겨우 일어나는 괴벽이 있었다. 학교는 지각 투성이에 성적도 엉망이었다. 하지만 학교도 부모도 그런대로의 생활을 인정해 주었다. 그러한 자세가 그의 철학적인 천재성을 피게 한 힘이 된 것이다. 천재들에겐 이런 괴벽도 있다.

그가 만약 요즈음의 한국 가정에 태어났더라면 인류는 세기의 철인 한 사람을 잃게 되었을 것이다. 대신 그는 신경질투성이의 인생 낙오자로 전락되어 이름없이 죽어갔을 것이다.

성적 한두 점 올랐다고 온갖 선물을 사주는 등 호들갑을 떠는 것도 금물이지만 몇 점 떨어졌다고 세상이 무너진 듯한 과잉반응 역시 금물이다.

집착을 버려라

잘살게 되었다고 좋아하는 건 아버지 세대나 하는 소리다.

최승길, 남자 48세, 상업

최씨는 그의 이름처럼 한국 중년 남자의 전형적인 보통사람이다. 하지만 그의 일생은 고행과 인내의 연속이었다.

6·25 당시 경찰가족이라는 이유로 인민군에 의해 일가족 몰살을 당한 것이 그의 나이 아홉살 때였다.

우측 폐부에 총상을 입고 실신, 겨우 정신이 들어 시체 더미를 헤집고 나온 것이 운명의 기구함을 예시해 주고 있었다. '차라리 그 때 함께 죽었으면……' 이 말은 지금까지도 그의 한숨과 함께 흘러나오는 자조적 독백이다.

폐농양으로 우측 폐 절제 수술, 우측 팔 관절 골절로 지금도 한 쪽 팔이 짧다. 일가가 몰살당했으니 천애고아로 자랐다. 고아원을 전전했지만 어딜 가나 뒷방으로 밀려났다. 오랜 지병 때문에 주는 밥도 제 손으로 받아 먹기가 어려웠다. 그래도 안 죽고 살아 난 걸 보면 사람 목숨이 참으로 모질구나 하는 생각을 갖게 한다.

인정 많은 이웃 대학생의 도움으로 겨우 중학과정을 마쳤으나 어디에고 그를 받아 주는 곳은 없었다. 선배 형을 따라 시작한 넝마주이, 고물행상을 시작으로 그의 떠돌이 인생이 본격화 된다.

어디엔가 정착을 해야 할 텐데……. 이것이 당시의 최씨의 꿈이었다. 고물수집으로 인연이 된 제지공장에 취직이 되면서 제법 안정이 되었다. 동거로 시작된 생활이 지금의 부인이다.

맏아들이 태어난 것이 그의 나이 스물다섯살 때였다. 가정부로 일하던 아내가 출산 후 과로가 겹쳐 늑막염으로 입원했다. 그러고도 남매를 더 둔 미련함을 최씨는 후회하고 있었다. 하지만 아이들은 잘 자라 주었다.

최씨가 차린 지물포도 날로 번창, 이젠 아내의 파출부 생활도 필요없게 되었다. 고생한 보람이 있었던지 이제 모든 게 순탄했다. 하지만 그는 잠시도 한눈팔 겨를이 없었다. 아이들 과외비만도 엄청난 지출이었다.

'너희들한테만은 이 고생을 시켜선 안된다.'

이것은 최씨 부부의 종교요 신조였다. 아이들이 필요한 거라면 무리해서라도 다 해 주었다. 너희들만은 공부를 시킬 것이다. 부부는 이를 악물고 억척같이 일했다.

하느님도 무심치 않았는지 아들이 명문대에 거뜬히 합격한 것이었다. 최씨는 그날 밤새워 울었다고 한다. 감격의 눈물이었다. 그동안의 어려웠던 인생을 보상받은 것 같았다. 원수를 갚은 것 같았다.

50도 안된 나이에 백발이 다 되었지만 그래도 주름진 얼굴에 간간이 웃음이 감돌기 시작했다.

이제 고비는 다 넘겼나 보다. 그러나 이번엔 슬슬 몸이 아프기 시작했다. 비오는 날이면 오른쪽 가슴이 쑤셔 견딜 수 없었다. 이제 늙나보다. 하지만 무슨 걱정, 이제 죽어도 모든 건 잘 되어 가게 되어있다. 그만큼 철저히 준비를 해둔 것이다. 그는 평생 처음으로 느긋한 기분이었다.

하지만 모진 운명은 잠시도 그를 편히 두질 않았다. 아들이 경찰에 잡혀 간 것이다. 데모 주동자로 구금된 것이다. 아니, 이럴 수가? 놀란 가슴을 진정시킬 수 없었다. 최씨가 더욱 충격을 받은 것은 아들이 소위 '주사파'의 추종자라는 사실이었다. 처음엔 뜻을 몰랐다. 그것이 김일성 주체사상 추종파라는 설명을 듣고 아버지는 그만 실신하고 말았다.

응급실에서 겨우 정신이 든 그는 계속 오른쪽 가슴을 움켜 쥐고 있었다.

"아들놈이 내 가슴에 총을 쏜 겁니다. 김일성이가 쏜 상처가 아물지 않았는데, 이번엔 내 아들놈이 쏜 겁니다."

그는 아들의 배신에 치를 떨고 있었다. 사실 그것은 처절하고도 철저한 배신이었다. 아버지는 이 충격 후 영 중환자가 되어버렸다. 가슴뿐이 아니었다. 온몸이 성한 데가 없었다. 고혈압, 위장병, 당뇨병이 갑자기 악화된 것이다.

아들의 배신은 아버지에겐 최후의 KO 펀치였다.

한국 40대 남자의 사망률이 세계 최고라는 보도는 가히 충격적이다. 그 까닭을 6·25 당시의 허약한 체질, 과중한 스트레스, 과음, 과로 등으로 설명하고 있다. 물론 이것도 사실이다. 하지만 그것만으론 죽지 않는다. 죽게 되기까지엔 최후의 일격이 있게 마련이다. 그것은 아이들에 대한 실망이다.

'너희들한테만은…' 이런 일념으로 살아 온 평생이 아니던가. 그 '너희들'이 아버지의 기대에 어긋나 보라. 세상이 무너진 듯한 충격을 받게 된다. 오직 희망이 아이들이었는데, 그들을 위해 그 어려웠던 날들을 인내하고 극복해 왔는데 이제 와서 그 꿈이 무산되는 날, 아버지는 한 발짝 더 옮길 힘이 없어진 것이다.

최씨의 경우는 극단적인 경우다. 하지만 비슷한 예는 우리 주위에 얼마든지 찾아볼 수 있다. 재수, 삼수를 해도 낙방하는 아이는 그래도 괜찮다. 공부는 뒷전, 놀기에 정신이 팔려 아예 자퇴를 해버린 아이, 문제아, 비행의 딱지를 쓰고 퇴학당한 아이, 약물· 본드, 드디어 마약 사범으로, 성폭행으로 경찰에서 연락이 왔을 때…… 이럴 때 받는 아버지의 충격은 상상을 초월한다.

누구를 위한 일생이었는데…… 오직 '너희들'만을 위한 아버지의 한평생이었다. 하지만 아버지의 그런 필사적 노력과 헌신, 희생이 아이들에겐 아무런 감동을 주지 못하고 있는 게 오늘의 우리 현실이다.

비극은 여기에서 출발한다. 아이들은 오늘의 풍요가 당연한 것으로 알고 있기 때문이다. 가난해 본 적이 없기 때문이다. 잘살게 되었다고 좋아하는 건 아버지 세대나 하는 소리다. 그것은 가난했던 어린 시절이 있었기 때문이다. 그때와 비교가 되기 때문이다. 하지만 아이들은 어려웠던 시절이 없었기에 비교가 되지 않는다. 옛날부터 이 정도는 살고 있는 것으로 알고 있는 게 아이들이다. 따라서 아버지의 노고를 감사히 여길 줄도 모른다. 그 정도는 가장으로서 해야 되는 걸로 알고 있다. 자신들이 누리는 오늘의 행운, 여유가 그저 당연한 것으로 알기 때문이다.

이것이 '너희들에게만은……' 하고 필사적으로 일해 온 보답이다. 너무도 허무하고 슬픈일이다. 하지만 어쩌랴. 한편 생각하면 이게 모두 '너희들에게 만은……' 하고 모든걸 희생한 아버지의 병적인 집착에 문제가 있다는 걸 상기해야 한다.

아이들을 위해 노력하는 건 당연하다. 하지만 병적인 집착은 금물이다.

꾸중 못하는 부모

이런 아비 밑에 자란 아이가 나중에 무엇이 될 건가를 생각하면……

꾸중을 해야 되는 경우에도 꾸중을 못하는 부모가 있다. 안하는 게 아니라 못한다. 해야 될 줄은 알면서도 못하는 부모다. 행여 여린 아이에게 상처를 입히랴, 안스러워 못하겠다는 부모도 있다. 꾸중듣고 침울해 하는 걸 보면 부모 가슴이 더 아프다. 기가 약한 아이가 더욱 기가 죽을까 두려워 못하는 부모도 있다. 너무 귀여워 거기다 대고 어찌 꾸중을 하랴 싶은 부모도 있다.

여기까지는 좋다. 난들 뭐 잘하는 게 있다고 아이한테 꾸중을 하랴. 도대체 꾸중할 자격이 없다는 사람도 있다. 양심상 할 수 없다는 사람도 있고, 행여 아이가 따지고 들기라도 한다면 어쩌나 하는 마음에서도 꾸중을 못한다.

덤벼들기라도 하면? 반항이라도 한다면? 가출이라도?

이런 저런 걱정 때문에 꾸중을 못하는 부모가 적지 않다.

어쩌다 집안 꼴이 이 모양으로 되었는지 알 수 없다. 꾸중을 해야 소용이 없으니 아예 생각을 못하는 사람도 있다. 이 정도면 아이의 교육권을 포기한 상태다. 실제로 이런 부모들은 아이 훈육을 남의 손에 의지한다.

'선생님, 우리 아이를!' 증후군이다. 내 말은 안 들으니 선생님이 야단좀 쳐달라는 부탁이다. 문제아 상담을 해 오는 부모는 거의가 이런 유형이다. 더욱 기막히고 슬프게 하는 일은 그게 무슨 어려운 부탁도 아니라는 것이다. 아이의 운명을 가름하는 큰 문제도 아닌 참으로 자질구레한 일들이다. 까짓것쯤 안해도 그만인 하찮은 일들이다.

"선생님, 우리집 아이는 목욕을 안합니다. 목욕좀 하라고 일러 주십시오. 내 말은 안듣습니다. 선생님 시키는 일이면 잘 듣습니다."

이게 엄마가 하는 부탁이라면 그래도 이해가 간다. 멀쩡한 아버지가 이렇게 애원을 하고 있으니 이게 더욱 나를 슬프게 만든다.

"당장에 탕에 집어 던지지 그걸 말이라고 하고 있소? 그렇게 자존심도 없소?"

이렇게 쏘아붙이고 싶지만 참을 수밖에 없다. 듣고 있노라면 끝이 없다.

"머리좀 깎으라고 해주십시오."

"늦잠을 못자게 혼 좀 내주세요."

"밥좀 제때 먹으라고 야단쳐 주세요."

다음은 또…… 무슨 소리가 나오려는지 두렵다. 나는 아무 대꾸도 못하고 멍하니 그 아버지를 쳐다볼 수밖에 없다. 하도 기가 차 말이 안나온다. 딱하단 생각을 넘어 솔직히 화가 치민다. 이 따위로 자식을 키우다간 아이뿐 아니고 이 사회까지 망쳐놓기 때문이다.

이런 아비 밑에 이렇게 자란 아이가 나중에 무엇이 될 것인가를 생각하면 솔직히 소름이 끼친다. 제 밥벌이 해먹기는 글렀다. 남의 등이나 쳐먹고 사는 기생충형 인간밖에 더 될 게 없다.

지금도 늦진 않다. 이 병을 고쳐 줄 사람은 이 세상에 부모밖에 없다. 학교 선생이든 병원 선생이든 선생은 부모의 태만까지 고쳐 줄 수 있는 사람은 아니다. 부모 스스로 고치겠다는 결단을 내려야 한다. 그게 어찌 하루 아침에 되랴만 적절한 방법을 강구해야 한다. 말을 안들으면 듣게 하는 방법이 있다. 연구해야 한다. 그것이 부모에게 주어진 의무요 권리라.

"선생님 우리 애를!"

제발 이 말만은 말아야 한다.

꾸중의 원칙

작고 큰 문제들을 안고 있는 그 자체가 곧 청소년이다.

유달리 별난 아이들이 있다. 떠들고, 부수고, 설쳐대는 통에 난리난 집안처럼 정신이 없다. 거기다 엄마의 짜증 섞인 고함까지. 하지 마라, 안된다, 시끄럽다, 조용히…… 아주 혼이 나갈 지경이다. 하지만 그런 명령이 오래 갈리 없다. 다리를 부러뜨리겠다, 때려 죽이겠단 소리까지 나오지만 그런 위협에도 효과는 순간일 뿐, 아이들은 잠시 후 또다시 아수라장을 만들어낸다. 이게 안 통하는 줄 번연히 알면서도 매일 똑같은 공방이 되풀이된다.

나중엔 엄마의 고함쯤 아주 면역이 되어 전혀 효과가 없다.

이런 공방전은 철이 제법 든 청소년기까지 연장된다. 양식은 달라지겠지만, 별 효과도 없는 꾸중의 남발은 변함없다. 밤늦게까지 음악을 크게 틀고, 아침엔 늦잠이다. 일찍 자거라, 그만 일어나거라, 학교 늦다, 아침 먹어라…… 이게 발전되면 이유없는 조퇴·결석, 귀가시간이 늦어지고…… 다음은 술, 담배로 넘어간다.

타이르기도 하고 야단도 치지만 언제나처럼 효과는 없다. 아주 어릴적부터 언제나 그래왔기 때문이다. 이젠 속수무책이다. 부모로서 한계를 느낀다. 그렇다고 저대로 둘 수도 없으니 참으로 난감한 지경에 빠진다.

왜 이 지경에 이르렀을까? 진단은 간단하다. 꾸중을 남발했기 때문이다. 그래서 면역이 되어버렸기 때문이다.

거의 습관적으로 야단치는 부모가 있다. 아이들 걸음걸이 하나에도 이래라, 저래라 한 마디 해야 직성이 풀리는 사람이 있다.

내 충고는, 한 마디 하고 싶을 때라도 참으라는 것이다. 열 까지 참고 기다려 봐라. 조용히 하란다고 조용해질 아이가 아니다. 아이들은 생리적으로 조용해질 수가 없다.

아이들을 키운다는 건 마치 서커스 구경하는 거나 같다. 지켜보기에도 아슬아슬하고 조마조마하다. 이제라도 곧 실수를 저지를 것 같다. 다음 순간 문제라도 일으킬 것 같다. 많은 일을 저지르고 있다. 실수도 물론 한다. 하지만 한 걸음 뒤로 물러서 조용히 지켜볼 수 있어야 한다. 개구쟁이 지겨운 세월, 조용히 지켜보며 기다려야 한다. 큰 실수나 하지 않나, 큰 문제를 일으키지나 않나 멀리서 그러나 가깝게 지켜봐야 한다. 때론 공중 서커스의 위험한 곡예도 펼칠 것이다. 그럴 땐 밑에서 안전망을 여물게 펴들고 지켜봐야 한다.

실수도 있겠지. 하지만 그런 작은 실수를 통해 아이들은 새 것을 배우고 성장한다. 좌절도 하고 마음의 상처도 받을 것이다. 그러나 그건 값진 교훈이다.

아이들의 행동이 크게 궤도를 벗어나지 않는 한 그냥 둬야 한다. 아이들에겐 그런 잠시의 일탈을 통해 스릴을 느끼고, 그게 곧 꽉 짜여진 스케줄에서 탈피, 스트레스 해소에 도움이 된다. 아이들은 항상 규제에서 벗어나고 싶어한다. 그게 때로는 반항이라는 형태로 나타난다. 멀쩡한 옷을 찢어 입고 다니는 녀석도 있다. 바지가랑이도 한 쪽만 쑥덕 잘라 입고 다닌다. 머리는 또 그게 뭔고. 여자 아이가 오빠 잠바를 걸치고 나가고…… 좋게 보면 자유분방이고 나쁘게 보면 저러다 날나리나 되는 게 아닌지 불안하다. 꼭 백수건달 같다.

이럴 때 부모가 조심할 게 있다. 참아야 한다는 거다. 한 마디 하고 싶어도 참아야 한다. 아이를 키우다 보면 싫어도 참아야 할 일이 있다. 비록 내 마음에 들진 않아도 참고 넘겨야 할 일이 있다. 이걸 잘 판단해야 한다.

시대에 뒤떨어지느니 보수적이니 옹고집이니 하는 소리쯤은 그래도 괜찮다. 아예 아버지와는 대화를 않겠다고 하거나 반항할 수도 있다. 그런 일에까지 이래라 저래라 간섭, 꾸중하다간 정말 꾸중을 해야 할 일에 권위가 없어지는 것 또한 문제다.

참고 기다려라. 얼마간 해보다 지겨우면 스스로 그만둔다. 스스로 판단하고 스스로 그만둘 때까지 기다려야 한다. 그게 참교육이다. 아이들은 문제투성이다. 아니 문제가 있는 게 정상이다.

이해 못할 구석도 많다. 해서 청소년을 '정상적인 정신 분열증'이라고 부르는 학자도 있다. 작고 큰 문제점을 안고 있는 그 자체가 곧 청소년이다. 그리고 신기하게도 아이들은 그 많은 문제들을 스스로 해결해낼 수 있는 자정능력을 갖추고 있다는 점이다.

아이들의 이 정화능력을 믿어야 한다. 물론 어른의 도움이 필요할 때도 있다. 그렇다고 사사건건 부모의 설득, 간섭·꾸중으로 모든 문제가 해결될 것이란 생각은 금물이다. 아니 그런 태도가 오히려 아이들의 자체 해결 능력을 위축시킬 수도 있고, 때론 문제를 더 복잡하고 어렵게 만들 수도 있다.

경험이 없는 아이들이라 문제를 푸는 게 쉽진 않을 것이다. 피하기만 하는 아이도 있고 우격다짐으로 풀려는 아이도 있을 것이다. 실수도 있고 때론 당황, 불안에 휩싸일 때도 있다. 어른의 슬기와 경험이 필요할 때도 있다. 단 도움을 주는 데는 인색해야 한다. 좀 시원찮아도 참고 기다려 주는 게 먼 훗날을 위해 현명하다는 사실을 한 번 더 강조해 둔다. 아이를 키우는 덴 방목이 원칙이다.

수험전쟁의 후유증들
수험전쟁에 휘말린 이상 본인은 물론 온가족이 외길이다.

마치 전 인생의 목표가 대학입학이나 되는 것처럼 모두들 미쳐있다. 이게 마치 인생의 성패를 좌우하듯 모두들 광이 되어 있다. 그래, 이건 미친 짓들이다.

아이의 건강이나 이상, 희망은 뒷전, 어떻게든지 대입 관문을 뚫어야 한다. 여기만 통과하면 다음이야 어떻게 되든 내 알바 아니다. 대입까지가 부모의 책임이다. 이것만 해놓으면 안심이다. 그 다음 일은 이제 제가 알아서 해야 한다. 이 좁은 문만이 성공과 행복을 보장해 준다. 사는 이상 이건 외길이다. 달리 무슨 선택의 여지가 없다. 아이의 재능이나 부모의 형편이 어떻든, 일단 이 관문을 통과해야 한다.

한국의 모든 부모는 이 점에서만은 조금도 다르지 않다. 너도 나도 대입의 좁은 문을 향해 총진력이다. 입시지옥이니 수험전쟁이니 하는 소리가 나올 법도 하다.

대입 원서 내는 날의 상황은 여느 전쟁보다 더 심각하다. 최신 정보를 입수하기 위해 척후병, 워키토키가 동원되고 원활한 기동력 확보를 위해 온갖 교통수단이 다 동원된다.

이걸 지켜보노라면 오늘을 준비하기 위해 각 가정마다 얼마나 비상한 작전을 준비해 왔을까를 짐작케 한다. 수험생은 이미 기진맥진, 그러고도 계속 책상 앞에 붙어앉은 게 신기하다.

가다 쓰러지는 아이도 물론 있다. 아예 백기를 들고 어디론가 훌쩍 떠나버리는 아이도 있다. 멍하니 넋을 잃고 횡설수설하는 아이, 갑자기 고함을 치고 책상을 부수는 아이, 진탕 술에 취해 곤드레가 되는 아이도 있다.

백일제니 하는 별난 이름을 붙여 모두 함께 광란에 빠지는 신종 축제도 생겨났다. 수험생의 스트레스가 얼마나 심각한가를 반증하고 있다. 그렇다고 혼자 미쳐버리기엔 불안하니 함께 미쳐버리자는 거다. 망해도 같이 망하면 위안이 된다. 이날은 수험생에겐 해방의 날이다.

잠시나마 모든걸 잊고 싶은 수험생들의 열망이 입시라는 무거운 스트레스에서 벗어나고픈 반동으로서 자연발생적으로 생겨난 백일제다.

우리는 이들의 지겹고도 힘든 과정을 이해할 수 있어야 한다. 이게 한 달, 한 해가 아니다. 유치원 과외에서 이미 예비전쟁이 시작된 셈이다. 중학에 들어오면서 수험 전쟁은 본격화된다. 어느 한 순간 편한 날이 없었다. 길고도 험한 강행군이었다. 온갖 전술이 다 동원된다. 학교도 옮겨보고 집도 옮긴다. 8학군의 신화가 창조된 것도 수험전쟁이 빚은 부산물이다.

내신 성적 한 점을 위해 40℃ 고열의 아이를 업고 학교엘 가는 엄마도 있다. 아이가 그 정도로 아프면 병원엘 가야지, 그러다 폐렴이라도 병발하면 어쩌려고 저러는지 지켜보기에도 아슬아슬하다.

이런 극성이 6년, 아니 12년 개근을 만든다. 1년 개근이야 할 수도 있을 것이다. 하지만 12년이라면 이건 아무래도 문제다. 10년이면 강산도 변한다는데 그 사이에 어찌 인생 대사가 없었을까? 녀석은 누나 결혼하는 날도 학교엘 갔을 것이다. 시골 할아버지가 돌아가신 날도 혼자 남아 시험이랍시고 학교에 갔을 것이다.

난 그래서 12년 개근을 탐탁히 여기지 않는다. 내가 사장이라면 그런 사람은 뽑지 않을 것이다. 그렇게 열심인 사원을 안 뽑다니 잘 납득이 안갈 것이다. 그렇게 열심이고 집념이 강한 것까지는 인정한다. 하지만 그렇게 융통성이 없고 고지식한 사원에게 무슨 일을 믿고 맡길 것인가.

할아버지가 돌아가시면 만사를 제쳐 놓고 달려가야지, 돌아가시기 전부터 달려가 마지막 물 한 잔이라도 따뜻이 올려야 할 게 아니냐. 그런 인간성도 없는 녀석에게 무얼 기대하랴. 장례 때는 궂은 심부름을 도맡아 해야 한다. 그런 기회에 친척들 얼굴도 익히고 장례준비 하는 절차를 지켜보는 것도 훌륭한 인간교육이다. 집안의 내력, 가풍을 이어받는 산교육장이다. 이런 기회를 통해 뿌리의식을 갖게 하고, 아이들의 정체성 확립에도 큰 도움이 된다. 내가 어디서 왔으며 나는 어디와 끈이 닿아 있는가를 지각하게 된다.

장례를 치르는 동안 문득 산다는 것, 죽는다는 것을 생각해 보게 되고 철학적 사색에 잠길 수도 있을 것이다. 이보다 더 좋은 인간교육이 또 어디 있을 건가. 일부러 만들 수도 없는 산 교육의 현장이다.

이런 것 다 뿌리치고 교실에 앉아 조선시대 임금 이름이나 외고 있으니 실로 한심한 인간이다. 그러라고 시키는 부모도 딱하다. 점수는 한두 점 더 땄을 것이다. 덕분에 결석을 면해 개근상도 탔을 것이다. 하지만 난 이런 사람에게는 어떤 인간적 매력도 느낄 수 없다. 이야말로 학교 가는 로봇과 무엇이 다를 바 있으랴.

예외도 있겠지만 12년 개근을 싫어하는 이유가 이해되었으면 좋겠다.

대입은 하나의 관문이지 인생의 종착역은 아니다. 물론 인생에서 대단히 중요한 고비인 것은 사실이다. 능력있는 자는 누구든 전력투구해볼 값어치가 있는 일이다.

하지만 그게 인생의 전 목표일 순 없다. 문제는 능력이다. 무엇보다 지적 능력이 우수해야 한다. 부모가 돈으로 만든 게 아니고 아이 자신의 원래 타고난 재주가 있어야 한다. 그리고 그 긴 수험전쟁을 별탈없이 그리고 후유증없이 치러낼 수 있는 체력과 정신력이 있어야 한다. 그리고 그 힘든 스트레스를 이겨낼 수 있는 성격적 융통성, 안정성이 있어야 한다. 거기다 가정적 능력 또한 상식적인 선에서 갖춰져 있어야 한다.

이중 어느 한 가지가 모자라도 이 전쟁에 이길 확률은 대단히 희박하다. 설령 모든걸 희생하여 관문을 뚫었기로서니 문제는 그 다음이다. 그 후유증이 너무 심각해 더 이상의 행군이 불가능해 질 수도 있다.

수험 전쟁은 묘한 것이어서 일단 거기에 휘말리면 당사자는 물론이고 가족 전체가 아주 외길로 빠져 들어간다. 전혀 뒷일을 생각지 않게 된다. 선거 막바지에 접어들면 부정을 저질러서라도 일단 당선되어야겠다는 강박심리와 똑같다. 나중에 당선 무효가 되고 창피를 당하는 한이 있더라도 일단 되고 봐야 한다. 어떤 무리, 어떤 부정도 서슴지 않는다.

수험가정도 마찬가지다. 모두들 근시안이 되어 뒷일을 생각지 않는다. 일단 붙고보자는 작전이다. 적성이나 이상, 희망은 뒷전이다.

하지만 이 광적인 편집증이 아이를 얼마나 불행하게 만들 것인지를 생각해 보자는 거다. 평생을 두고 후회할 수도 있다. 차라리 떨어졌더라면 하는 학생도 많다. 나는 이 사실을 강조하고 싶다.

좀더 멀리 보자는 거다. 인생은 대입관문만 통과하면 끝나는 단거리 경주가 아니다.

개성있는 아이로

지나친 통제, 간섭은 아이들의 개성을 죽여버린다.

개성의 시대라고 한다. 개성이 뚜렷해야 된다는 것이다. 자기다운 스타일, 누구도 흉내낼 수 없는 독창적인 것이어야 한다. 문학 작품이나 예술세계는 물론이고 스포츠, 연예계도 남의 흉내나 내는 사람은 빛을 발할 수 없다. 장사를 해도 자기만의 독창적인 스타일이 있어야 한다. 옷이나 구두는 물론이고 음식도 그 집만이 갖고 있는 독특한 분위기, 독특한 맛, 그리고 멋이 있어야 장사가 된다.

인물도 이젠 개성의 시대다. 반지레한 얼굴만으로 인기배우가 되던 시대는 지났다. 그 역은 그 배우 아니고는 누구도 흉내조차 낼 수 없는 강한 개성의 배우여야 한다. 개성이 강한 사람이 요구되는 시대다. 그런 사람이라야 어떤 분야에서든 개성적인 일을 해낼 수 있기 때문이다.

현대인은 식상하기를 잘 하는 특성이 있다. '그게 그거구나' 하는 생각이 들면 그만 외면한다. 언제나 보다 새로운 것, 독특한 것, 자극적인 것이어야 한다.

이 점에서 우리 한국 사람은 기질적으로 큰 취약점을 갖고 있다. 예부터 개성적인 것은 용납되지 않았기 때문이다.

모난 돌이 정을 맞는다. 남달리 별나게 굴지 말아야 한다. 그저 둥글둥글하게 모나지 않게 그렇게 살아야 한다.

남과 어울려 마찰없이 화합해서 잘 살아가는 슬기가 강조된 집단문화였다. 개인주의 사회의 개성적인 서구 문화와는 질적으로 다르다.

우리는 남과 다르다는 건 곧 열등한 것으로 받아들였다. 지금도 우리 청소년은 남과 다르다는 건 큰 창피로 알고 있다. 키가 커도 고민, 작아도 고민이다. 뚱보도 문제요, 갈비씨도 문제다.

남들 속에 묻혀 표가 안나야 안심이다.

우리는 이렇게 개성이 용납되지 않는 문화권에 살아왔고, 지금도 그러한 잔재는 강하게 남아 있다.

하지만 앞으로의 시대는 개성있는 강한 이미지를 요구하고 있다. 사람들 속에 그저 무난히 그런대로 살려면 둥글둥글, 모남이 없이 굴러가는 것도 괜찮다. 하지만 어느 분야에서든 선두주자로 달리는 사람이 되려면 어떤 면에서든 남과는 다른 개성이 분명해야 한다.

여기가 요즈음 부모의 고민이다. 모나선 안된다는 오랜 의식의 잔재가 아직 남아 있는 부모 세대여서 '개성이 강한 아이'가 용납되지 않기 때문이다. 그런 아이는 우선 키우기에 귀찮고 힘겹다. 나름의 고집이 있고 어딘가 다른 아이와는 다르기 때문에 부모가 당황하기도 하고, 때로는 이상이 아닌가 걱정이 되기도 한다.

실제로 평균적인 한국 부모의 입장에서 이상과 개성의 감별이 쉽진 않다. 전문가도 어렵다. 천재와 정신병은 종이 한 장 차이라는 말도 지어낸 소리가 아니기 때문이다. 천재들의 어릴 적 기행이나 괴벽이 이상이냐, 천재적 개성이냐 하는 논란은 전문가들 사이에도 의견이 분분하다.

하지만 그게 나중에 이상으로 된다 하더라도 아이의 개성은 존중되어야 한다. 단, 그게 자신에게든, 남에게든 파괴적인 것이어서는 안된다. 개성에 대한 부모의 태도가 어떻든 아이들은 태어나면서부터 저마다의 특징이 뚜렷하다. 순한 놈도 있고 온종일 울어대는 아이도 있다. 잘 먹는 아이가 있고 먹으면 토하는 아이도 있다. 신경질적인 아이, 미련한 아이도 태어난 순간부터 그 기질이 다르다. 얼굴이 모두 다르듯이 타고나는 기질이나 자질, 성향·소인·소질 등이 모두 다르다. 이것이 개성의 씨앗이다.

이 씨앗이 어떤 모습으로 자랄 것인가. 이것이 지금부터의 과제다. 물론 가장 중요한 것은 엄마다. 그리고 아버지·형제, 좀더 자라면서 친구·애인 등의 순으로 영향을 준다.

아이들 기질을 그대로 살려줄 순 없다. 가령 파괴적인 기질 등은 다소 죽이지 않으면 안된다. 대신 그 일을 보다 건설적인 방향으로 승화시켜줘야 한다. 싸움 잘하는 아이라면 깡패 집단이 아니라 복싱을 시켜야 한다. 지나치게 시끄러운 놈, 설치는 놈도 식사 때나 손님 앞에서는 얌전하게 굴도록 훈련시켜야 한다.

가정이나 사회에는 일정한 규범이 있다. 아이를 키운다는 건 그 틀에 집어넣는 훈련과정이다. 이게 때로는 전투보다 힘든 일과가 되기도 한다.

이러는 과정에서 우리는 자칫 아이들이 타고난 천재적 기질을 까뭉개버리는 안타까운 우를 범하고 만다.

지나친 통제, 지나친 간섭은 아이들의 개성을 죽여버린다. 그렇다고 통제가 없는 자유방임도 안되고…… 이것이 부모의 갈등이다.

이 균형을 잘 살려야 한다. 사회의 일원으로서 남과 어울려 사는 훈련과 함께 아이의 개성을 살려나가야 하는 게 부모에게 주어진 숙제다. 아이의 기질은 물론이고 취미와 특성, 장기, 성품

등 다각적인 면을 면밀히 관찰해야 한다. 좋은 구석도 있지만 당장은 눈에 거슬리고 거북살스러운 면도 있을 것이다. 하지만 그게 파괴적인 성향이 아닌 이상 그런대로의 특징을 존중하고 수용할 수 있는 여유가 있어야 한다. 그리고 또 한 가지, 너무 조급히 굴지 말자는 것이다. 사람마다 재능이 다르고 그리고 재능에 따라선 일찍 피는 것도 있지만 40, 50이 넘어야 피어나는 것도 있다.

부모의 욕심이 지나쳐 아이들 개성을 조작하려 들어선 안된다. 개성이란 자율적인 것이지 남에 의해 만들어지고 조작되어진다면 그건 이미 개성이 아니다. 개성이란 자기 고유의 것이기 때문이다. 그리고 타고난 개성을 지니는 데는 힘이 필요하다. 누가 뭐래도 흔들리지 않고, 흉을 본다고 그만 기가 죽어버린대서야 개성이 살아남지 못한다.

남에 의해 조작되어진 건 개성이 아니라 흉내다. 자기답게 살아야 한다. 그럴 수 있는 힘을 길러 주어야 한다.

앵무새처럼 남이 하는 대로 따라 하는 아이라면 그런대로 좋다. 크게 마찰도 없을 것이며 그저 그런대로 어울려 지낼 수 있을 것이다. 선두주자로서의 욕심만 없다면 그런대로 좋다. 남 하는 대로만 한다면 안전하다. 비난받을 일도 없다. 그저 무난한 삶이다. 하지만 그래서는 남보다 앞설 수 없다는 사실만은 알아야 한다.

실제로 대개의 사람들은 이 범주에 속한다. 연구에 의하면 불과 3% 미만의 사람만이 창조적이고 앞서가는 사람이다. 물론 이들은 바람도 세고 마찰도 많다. 남이 안하는걸 앞서 할려니까 그럴 수밖에 없다. 실패도 많고 좌절도 많다.

무난하게 살려면 남 하는대로 슬슬 따라가는 것도 세상을 편하게 사는 슬기다.

2

아이들은 **강한 아버지**가 보고싶다

2
아이들은 강한 아버지가 보고싶다

자녀 교육권
가정이 마치 입시교육의 하청기관쯤으로 전락한 요즈음의 세태…

  삼촌이 독립운동을 한 탓이리라. 해방이 되자 우리집은 피끓는 우국지사들로 들끓었다. 수많은 정당이 생기고 그때마다 새로운 내각이 우리집 안방에서 조각되곤 하던 시절이었다.
  정객들이 암살당하고 드디어 피의 10·1사건이 터졌다. 이웃이 이웃을 때려 죽이고, 방화와 테러로 거리는 완전히 피바다를 이루었다. 누구와의 싸움인지도 알 수 없었다.
  차츰 거리의 소요가 가라앉고 치안 질서가 회복되어 갔다. 봄

비던 정객들도 우리 집에서 사라졌다. 그러나 밤이면 '산손님'이 찾아왔다. 빨치산 유격대가 낮에는 산에 숨었다가 밤이면 민가로 내려와 보급품을 구걸, 때로는 약탈해 가기도 했다. 대구 시내에 있는 우리 집으로 찾아오는 산손님은 대개 친척들이었다.

모든 사람들이 거리로 뛰쳐나와 흥분하고 절규하고 뛰어 다녔다. 누구도 그 와중에 조용히 있을 수 없는 그런 분위기였다. 한데도 오직 한 사람, 우리 아버지만은 예외였다. 눈 하나 까딱 않고 조용히 사랑에서 책만 보고 계셨다. 그 많은 정당 가입 권유에도 아버지는 대꾸조차 하지 않으셨다.

그날 밤도 우리집에는 피끓는 친척 청년들이 찾아와 지도자인 아버지의 궐기를 촉구했다. 어떻게 가만히 있을 수 있느냐는 규탄이었다. 아버지가 드디어 입을 열었다.

"이 놈들아, 돌아가 보리갈이나 해라. 농사꾼은 농사 잘 짓는 게 애국이야. 그 따위 미친 짓 하려거든 다시는 내 집에 발도 붙이지 마라. 민주고 공산당이고 너희들이 뭘 알아?"

아버지의 눈매가 매섭게 떨고 있었다. 방 안엔 무거운 침묵이 흘렀다. 누구 하나 입을 벙긋하지 않았다.

나는 아버지의 그처럼 무서운 얼굴을 일찍 본 적이 없었다. 머쓱해진 청년들이 자리를 뜨기 시작했다. 내가 알기로는 그게 마지막이었다. 그 이후 소위 정객들은 우리 집에 완전히 발을 끊었다.

사상이나 이념에 관한 한 우리집에선 논의조차 허락되지 않았다. 그것이 우리 아버지의 신조였다.

거리의 질서도 차츰 잡혀가고 외견상 잠잠해졌다. 하지만 사회주의체제를 신봉하는 지하 서클은 점점 그 세를 확장하고 있었다. 학생들간엔 '민애청'이라는 지하 서클이 유행이었다. 민애청이 아니면 사람 대접을 받을 수 없을 정도였다.

난 성격상 영웅심이 많은 편이라 민애청에 대해 상당한 호기심을 갖고 있었다. 하지만 그 때마다 아버지의 그날 밤 얼굴이 떠올라 그만 물러서곤 했었다.

그 때 중학생이었던 나는 이 갈등 때문에 오랫동안 괴로웠다. 나는 그들이 부럽기도 했다. 비밀스런 말도 주고 받으면서 그들 사이엔 죽음을 함께 하는 의리로 얽힌 사이 같아 보였다. 거기 비해 너무나 초라하고 나약했던 나 자신이 밉기도 했다.

그러던 어느 날 내게도 '행운'이 찾아왔다. 식목일 행사를 마치고 산언덕에서 드디어 나는 비밀결사 조직 회합에 초대(?)되었다. 경찰의 습격을 대비해 암호를 정해 두고 비밀 학습이 시작되었다. 지령이 하달되었다. 작은 글씨로 빽빽이 적어 이걸 가슴 깊이 넣고 집으로 돌아왔다. 길 가는 모든 사람들이 형사로 보였다. 나는 마치 독립운동 밀사처럼 두근거리는 가슴을 진정시키며 걸었다.

이젠 나도 애국지사가 되었다. 두렵지만 한편 뿌듯한 자부와 긍지로 넘쳐 있었다. 하지만 집으로 돌아와 아버지를 대하는 순간 난 그만 생쥐처럼 되어버렸다. 그 기고만장했던 자부심, 정의감은 바람빠진 풍선처럼 가라앉고 나는 다시 초라하고 치사한 배신자로 되어가고 있었다. 난 그렇게 나약해빠진 자신이 미웠지만 아버지를 보는 순간 어쩔 수 없었다. 감히 어디라고? 난 그 보이지 않는 어떤 힘에 압도당하고 있었다.

이튿날 학교에는 왔지만 난 완전히 풀이 죽어 있었다. 눈치를 챘는지 비밀 동지들은 다시는 나를 찾지 않았다. 처음부터 나를 꾼으로 생각하지 않았는지도 모른다. 하긴 골수파들은 그때만 해도 학교엔 잘 나오지도 않았다. 나는 혼자 마음으로 안도의 숨을 내쉬면서 그저 아무 일 없던걸로 치부하고 있었다.

나는 여기서 새삼 아버지의 그 흔들리지 않는 고집을 이야기하려는 게 아니다. 다만 가정에서의 아버지 교육권을 한 번 더 확인하고 재인식해야겠다는 뜻에서 하는 말이다.

자식의 교육권은 본질적으로 아버지의 권리요 의무다. 학교도, 선생도, 국가도 아닌 아버지 고유의 권한이다. 이것은 어떤 사회, 어떤 국가권력이나 종교적인 이유로도 침해되어서는 안되는 아버지의 절대권이다.

아버지는 자식교육을 시킬 사명을 타고 났다. 이건 하늘이 준 자연법적 권리요 의무다. 고로 이것은 천상천하 어느 것에도 양도되어선 안된다. 다만 사회가 분화되면서 지적·기술 교육을 학교라는 기관에 하청을 주고 있는 게 옛날과는 다르다. 그래, 하청을 준것이다. 가정이 상급학교요 학교는 하청을 받은 분교다. 이 점 모든 부모는 분명히 해야 한다. 학교에서는 인간 교육이 안된다고들 탄하고 있다. 하지만 교육의 일차적인 책임은 아버지다. 가정이 마치 입시교육의 하청 기관쯤으로 전락한 요즈음의 세태는 그야말로 주객전도다. 가정은 아버지가 관장하는 인간교육의 장이어야 한다. 비록 불완전하고 경험이 미숙하더라도 어린이 최초의 교사는 부모다. 이건 누구에게도 맡겨선 안된다.

요즈음 우리 가정에도 사상·이념 논쟁으로 홍역을 치르는 부자가 적지 않다. 물론 아이들 나이에 따라 다를 것이다. 하지만 아버지의 신념이 분명하다면 옳고 그름의 시비 이전에 그런 논쟁을 허락지 않는 것도 아버지의 권리다.

요즈음 대학가에도 의식화 교육은 비밀스런 지하 조직을 통해 되고 있다. 그들의 심리가 나의 식목일 귀가 길에서 있었던 일과 어떻게 다를까를 생각해 본 적이 있다.

우리 아버지는 당신의 교육권을 철저히 지켰다. 그때 만약 자유주의니 진보적이니 해서 따라 갔더라면 아마 우리집은 풍비박산이 났을 것이다. 그리고 그 위대한 소영웅주의적 혁명가는 지금쯤 어디서 무엇을 하고 있을까? 살아남기라도 했다면 말이다.

강해야 아버지다 ①
믿는 구석이 있어야 아이들은 밖에 나가도 자신을 갖는다.

네 사람의 끔찍한 살인범이 형무소를 탈출, 가정집에 들어가 가족을 인질로 잡고 멀리 도망갈 준비를 하고 있다. 총을 든 살인범들 위협 앞에 가족들은 숨도 제대로 못 쉬고 밤새 시달린다. 날이 밝았다. 집에 아무일 없는 것처럼 보이기 위해 그 집 아버지가 출근을 해야 한다. 아이가 따라 나서자 범인이 잽싸게 낚아챈다.

이 광경을 지켜본 아버지가 문을 나서다 말고 돌아선다. 그는 무섭게 범인을 노려본다. 하지만 어쩔 수 없는 상황이다. 총을 든 범인 앞에 무력한 아버지다. 한참을 그러고 섰다가 조용히 입을 연다.

"내 가족에 손대지 마! 만약 무슨 일이 있으면 너희들 전부 죽여버릴 것이다."

이 절박한 상황에서 무력하고 보잘것 없는 몰골의 아버지로서 이런 말을 쏟을 수 있다는 건 생각하기 힘든 일이다. 하지만 그의 말속엔 힘이 있었다. 만일 가족에게 무슨 일이 일어난다면 사생결단을 낼 그런 자세다. 이것은 아버지로서의 본능적인 절규였다. 가족을 지키기 위한 비장한 의지의 표현이었다. 그의 표정이 얼마나 진지하고 위압적이었던지 흉악범들도 멈칫했다. 그리곤 아이를 잡은 손이 느슨하게 풀렸다.

험프리 보카드가 이끄는 영화 〈필사의 도망자〉의 한 장면이다. 프래드릭 마치 아니고는 그 상황의 아버지 역을 그렇게 감동적으로 해내진 못했을 것이다.

이게 아버지다. 어떤 외부의 압력에도 굴하지 않고 죽음으로부터 가족을 지키겠다는 분명한 의지 — 그게 아버지다.

아버지는 강해야 한다. 그리고 실제로 강하다. 강하지 않으면 아버지가 아니다.

지금도 농촌에선 강한 아버지를 보기가 어렵지 않다. 앞뜰에서 땀흘려 일하는 아버지의 모습을 바로 볼 수 있기 때문이다. 넘실거리는 근육과 힘, 흐르는 땀 그리고 보습끝에 갈라져 나오는 흙덩이들을 보노라면 온통 대지를 뒤엎는 강한 힘이 넘쳐보인다. 밭갈이하는 언덕에 흙장난하다 지쳐 잠든 자식에게 삿갓으로 햇빛을 가려주는 아버지……

이렇게 뭉친 부자다. 흙보다 더 진한 끈끈한 힘으로 얽힌 부자다. 반항? 생각도 할 수 없는 일이다.

아이들은 아버지가 집을 위해 열심히 땀흘려 일하는 모습을 보고 싶어 한다. 이건 어쩌면 아이들에게 하나의 본능적인 욕구일지도 모른다.

아버지가 우리 집의 중심이요 기둥이라는 사실을 아는 이상, 그 기둥이 보다 튼튼하고 힘이 있어주길 바라는 건 지극히 자연스런 일이다. 어떤 난관에도 흔들리지 않고, 어떤 외압에도 굴하지 않고, 어떤 위험에서도 우리 가족을 안전하게 지켜줄 아버지, 그런 힘있는 아버지가 집에 버티고 있는 이상 아이들은 안심하고 뛰어놀 수 있다. 정서적으로도 안정이 된다.

'악수할 때 힘찬 아버지의 손을 느끼면서 난 흔들리는 청소년기의 방황을 잘 넘길 수 있었다.'

'아버지의 매질이 옛날처럼 아프지 않은 걸 느낄 때만큼 슬픈 적이 없었다.'

'어느 날 나는 아버지와의 팔씨름에서 이겼다. 그날은 슬펐다. 그 이후 난 팔씨름을 안했다.'

청소년기의 회고록에서 옮긴 것들이다.

힘있는 아버지를 보고 싶은 게 아이들의 본능이라고 한 내 말이 결코 과장이 아니다. 그런 기분을 충족시켜 줄 때 아이들은 밖에 나가서도 활력이 넘치고 무슨 일을 당해도 자신이 생긴다. 믿는 데가 있기 때문이다. 이런 의지심은 어린 아이들에겐 대단한 힘이다. 아버지가 없는 집, 혹은 병들어 나약한 경우 그런 집 아이들은 밖에서도 기가 죽고 매사에 자신이 없어보이는 건 우리 주위에 흔히 있는 일이다.

차츰 자라면서 아이들은 강한 아버지와 자기를 동일시한다. 자기도 마치 아버지처럼 힘이 센 것 같은, 혹은 그렇게 되려고 부지불식간에 노력하는, 이러한 동일시 과정이 아이의 심중에 강한 이미지를 심어줄 수 있게 된다.

아이는 아버지를 닮는다. 모델이 강해야 아이도 강해진다. 이건 상식이다. 동일시 과정은 아이들 성격 형성에 대단히 중요한 역할을 한다.

아버지가 강해야 되는 이유가 이젠 분명해졌을 것이다. 불행히도 요즈음 아버지가 자꾸 나약해져가고 있다는 사실이다. 아이들 눈에는 아버지가 없다. 새벽 일찍 바람처럼 사라졌다가 온종일 어디서 무엇을 하는지 밤중에 녹초가 되어 들어오는 아버지다. 아이들은 그런 아버지한테서 힘을 느낄 수 없다. 강한 아버지를 보고 싶은 본능적 욕구가 전혀 충족되지 않는 것이다.

가끔 도시의 길모퉁이에 아이, 어른 할것없이 모여 건설현장을 구경하는 모습을 볼 수 있다. 불도저가 거대한 흙더미를 파헤쳐 덤프 트럭에 옮겨 담고 있는 작업 광경을 사람들은 넋을 잃고 보고 있다. 단순한 기계적 동작의 반복일 뿐인 그 광경을 사람들은 지루하지 않게 바라보고 선 것이다. 한참을 보노라면 사람들은 불도저의 그 거대한 힘에 압도당한다.

 난 여기서 도시 아이들의 강한 아버지를 보고 싶어하는 마음을 읽어 낼 수 있다. 사람들은 거기서 대지를 갈라내는 힘찬 아버지의 모습을 그려보고 있는 것이다.

 요즈음 아이들은 강한 부상(父像)을 그리워하고 있다. 곤드레가 되어 파김치가 된 아버지가 아니고 온 천하를 압도하는 힘에 넘친 아버지가 보고 싶은 것이다.

 날로 나약해지고 위축되어가는 우리 아이들에게 자신감을 불어 넣으려면 아버지부터 강해야 한다. 그걸 보여줘야 한다.

내주장(內主張) 가정

여권 신장의 선진국 미국에서도 내주장 가정의 병리는 심각하다.

 엄마 같은 아버지가 좀더 심각하고 복잡해지면 소위 내주장(內主張) 가정으로 발전한다. 이 집에선 아버지 소리는 안 들리고 온통 엄마 세상이다.

 엄마 같은 아버지에 아버지 같은 엄마다. 모든 결정은 엄마가 한다. 아버지는 그저 뒷전에서 그림자처럼 빙빙 돌고 있다. 벌이도 시원찮고 그렇다고 그 잘난 남자의 허세라는 것도 아예 없는 그런 아버지다. 엄마는 생활능력도 강하고 수단도 좋다. 이웃과 싸울 일이 있어도 엄마가 나선다. 아이들도 무슨 일이 있으면 엄마 얼굴부터 쳐다본다.

집이 이렇게 되었으니 남자 꼴이 말이 아니다. 그래서 내 어릴 적만 해도 '내주장' 집이라면 동네 개도 그 집을 무시했다. 남자 체통도 말이 아니고, 도대체 남자 자존심에 어찌 그러고 살 수 있느냐는 게 동네사람들의 입방아다. 우리 마을에도 그런 집이 있었는데 우리 할머니는 아예 그 집 근처도 못 가게 했다. 사내 기죽인다고 펄펄 뛰었다. 어쨌든 그땐 이것만은 철저히 금기시되었던 모양이다.

암탉이 울면 나라가 망한다느니, 계집 목소리가 담밖에 들리면…… 어쩌고 하는 사내들의 허세도 그래서 나왔을 것이다. 여필종부니 남존여비니 하는 허구를 합리화시키기 위해서도 내주장만은 철저히 금기시되었던 모양이다.

다행인지 요즈음엔 '내주장' 소리를 거의 들을 수 없게 되었다. 그런 집이 없어진 건 아닐 텐데, 하도 많으니까 그게 굳이 흉될 것 없다는 뜻일 성싶다. 하긴 요즈음에야 공처가란 말도 애처가로 통하는 세상이니 그럴 듯도 하다.

한 연구 보고에 의하면 교육수준이나 사회계층이 높을수록 가사 결정권이 여자에게 있다는 것이다. 남편은 밖에서 하는 일이 너무 많고 바쁘기 때문에 가사일에 신경쓸 여유가 없다는 것이다. 일단 월급봉투를 맡긴 이상 죽이 끓든 밥이 되든 관여 안하겠다는 게 남자들 소신이다.

가사 결정권이 여자에게 있다고 이 집이 내주장이냐 하면 그건 아니다. 남자들이 시원찮아 빼앗긴 게 아니고 자신은 유능해서 아내에게 하청을 준 것에 불과하기 때문이다. 이때까진 아직 괜찮다.

그러나 여자가 수단이 좋아 안방 돈을 잘 굴려 남편 벌이가 차츰 용돈쯤으로 될 형편이 되면 이제 문제는 달라진다. 아내의 손이 커져 이른바 복부인, 골부인 하는 큰손이 되면 남자 위신이 상대적으로 위축된다. 처음엔 하청을 준 것으로 시작되었지만 이젠 아주 주객이 전도된다. 자가용에 해마다 아파트 평수가 커지면서 강남 요지의 빌딩 주인이 된다.

이제 남편 벌이는 아이들 용돈도 안된다. 애들도 으레 엄마지 아빠를 찾을 일이 없다. 남편은 자신의 영향력이 자꾸 위축되어 가는 걸 느끼기 시작한다. 그리곤 어느 날 직장 감사에서 호화생활자니 부정축재니 하는 누명을 쓰고 쫓겨난다. 이제 할 일이라곤 증권회사 객장에 앉아 있든지 아니면 마누라가 사놓은 빌딩 관리인으로 전락하고 만다.

이건 현대판 드라마의 시나리오가 아니고 우리 주위에 가끔 볼 수 있는 희극의 한 토막이다.

세대로 이어지는 비극

여기까진 그래도 괜찮다. 이게 비극으로 발전되는 날은 이 집 아이들 세대의 등장에서 시작된다. 특히 아들에게 문제가 심각해질 수 있다. 주로 역할 혼란에서 오는 대인 관계에서 문제가 생긴다. 녀석이 보고 자란건 언제나 여성상위다. 모든 걸 여자가 결정하고 여자가 리드해야 하는 걸로 알고 자랐다.

그러나 아들이 자라면서 밖에 나가 친구와 어울리는 나이가 되면 자기가 생각했던 것과는 다르다는 걸 체험하게 된다. 으레 여자가 앞서 리드하고 결정해야 하는 건데 골목 동무들은 그게 아니다. 이것이 성역할 혼란이다.

청소년기로 접어들면서 이성 교제를 할 나이가 되면 이 사내 아이는 결정적 혼란을 경험하게 된다. 여자 아이들로부터 따돌림을 받고 남자 친구로부터도 무시당한다. 지금까지 집에서 보고 듣고 한 것과는 전혀 다르다. 우리 사회는 아직도 남성 위주이기 때문이다.

이 아이는 전혀 리더십이 없다. 의사 결정을 할 능력이 없다. 모든 걸 여자가 해주려니 하는 기대를 하기 때문이다. 그는 심각한 갈등에 빠지고 대인관계에서 완전히 자신감을 잃고 만다.

이런 갈등과 혼란이 이윽고 10대 후반에서 정신분열병을 유발하는 원인이 되기도 한다. 실제 이러한 정신분열병 사례 연구는 미국에서 많이 발표되었다. 여권 신장이 세계 어느 나라보다 앞선 미국에서도 내주장 가정의 병리는 이렇게 심각하다.

투기바람을 타고 하룻밤에 벼락부자가 되는 기분이 과히 나쁘진 않을 것이다. 하지만 이런 복부인의 행운이 남편 불구로 만들고 아들 정신분열병 만들 수도 있다는 사실을 명심해야 한다. 아내의 슬기와 절제가 필요한 대목이다.

최근 우리 가족 구조의 변화 가운데 하나는 친가보다 외가에 더 가까운 경향이 두드러지고 있다는 점이다. 이 문제도 내주장 가정과 함께 한 번쯤 생각하고 넘어갈 일이다.

석이 엄마 이야기

아이들 공부 방보다 남편 서재를 먼저 만든 아내.

"형님, 저 술 끊었습니다. 대신 저녁엔 소련어 회화공부를 하고 있습니다."

내 동생 친구인 녀석은 회사 영업 담당이라 꽤나 술자리가 잦았다. 가끔 점심 때 내 사무실에 나타나곤 하는데 이건 정말 폭탄선언이었다.

"잘 끊었다. 마누라한테 쫓겨나기 전에 결심 잘했다."

"쫓겨나기라도 했더라면 못 끊었지요! 오기로라도 더 마시지요."

그건 사실일 것이다. 녀석도 전형적인 경상도 불뚝배알을 타고났으니 마누라 깡깡거린다고 술을 끊을 위인은 아니다. 그렇다면 건강에 이상이 생긴 것도 아니고, 갑자기 교회 나가게 된 것도 아닌데 왜 끊기로 했을까?

녀석이 늘어놓은 사연이 걸작이다. 그의 부인은 천성적으로 바가지라곤 모르는 여자다. 남편이 밖에서 뭘 하든 한 번 묻는 법이 없다. 만취가 되어 밤마다 늦어도 한 마디 불평이라고 해본 적이 없다. 참는 게 아니다. 아예 불평 불만이라고는 모르는 여자 같다. 그가 하는 딱 한 가지 부탁은 아무리 늦어도 총알 택시는 타지 말아 달라는 것 뿐이다. 그 외엔 무슨 짓을 하고 돌아와도 남편을 맞아들이는 태도는 한결같다.

"우리집 스타 오신다. 캡틴 오신다."
아이들이 안 잘 때는 함께 이런 말로 환영하곤 한다.
어느 일요일이었다. 신문을 보는데 중학교에 다니는 맏이 녀석이 느닷없이 묻는다.
"아빠의 인기비결은 뭐예요?"
"인기라니?"
영문을 몰라 되물었다.
"아빠는 인기가 좋아 밤마다 이 사람 저 사람에게 불려 다닌다면서요! 밤중까지 술대접도 받고요!"
넉살 좋은 아비도 할 말이 없었다.
아들의 표정으로 보아 빈정대는 건 분명 아니었다. 녀석은 진심으로 아빠의 비결을 알고 싶은 모양이었다. 아비는 찔끔했다.
"그 어미에 그 자식이군. 순진하긴!"
그는 속으로 이렇게 중얼거렸다. 어미가 틀림없이 그렇게 교육시켰을 것이다. 아내가 이 주정뱅이 남편을 기다리며 아이들에게 하고 있는 장면이 선히 떠올랐다.
"아빠는 스타야……" 꼭 이런 일이 있고부터는 아니다. 하지만 언제부터인가 그의 마음속엔 '이렇게 착하고 순진한 아내에게……' 하는 생각이 자리잡기 시작했다. 하지만 그건 생각뿐, 그의 퇴근은 여전히 늦었고 술은 줄지 않았다. 그래도 가급적 일찍 돌아가야겠다는 생각만은 있었다.
어느 날 바쁘게 잡은 택시가 충돌 사고를 일으켰다. 크게 다친 데는 없었지만 이마에 멍이 들어 영 꼴이 아니었다. 계단에 좀 밭

쳤을 뿐이라고 어설픈 변명을 했지만 마누라 표정은 가볍지 않았다. 아내는 이튿날부터 운전 교습을 받기 시작했다.
그리곤 드디어 중고 차를 샀다.
"자, 오늘부터 미인 기사가 스타를 모실 겁니다. 주석이 끝난 후 위치와 시간을 정확히 말씀해 주시면 즉각 대령하겠습니다."
배포 좋다는 녀석도 할말이 없었다. 미안하긴 했지만 아내의 성품을 아는 그로서는 술집으로 불러내지 않을 수 없었다. 아내는 얌전하게 밖에서 대기하고 있었다.
"이젠 안심이에요. 마음놓고 드세요."
이게 아내의 진심이라는 걸 녀석은 너무나 잘 안다. 들어오는 길엔 아내의 선창으로 함께 노래도 불렀다. 아내는 그게 진정 즐거운 모양이었다. 녀석은 미안한 기분이 한결 줄어들었다.
그가 술을 끊기로 한 결정적인 계기는 참으로 하찮은 일에서 비롯되었다. 그날도 그는 늦게 술자리를 끝내고 아내가 기다리는 차로 돌아왔다.
석이 엄마는 차안에서 스웨터를 열심히 짜고 있었다.
"뭘 하는 거요?"
"응, 이거요. 고물차가 돼서 히터가 잘 안돼요. 캡틴 술한기라도 들으면 어쩌나 해서……."
"세상에……."
그는 와락 아내를 껴안고 싶었다. 하지만 남자 체면에 그럴 수도 없고 대신 그는 속으로 결심했다.
"이제 난 술을 마시지 않을 것이다."

몇년이 지난 지금도 그는 이 결심을 잘 실행하고 있다. 나도 몇번 그의 아내를 만난 적이 있지만 참으로 아름답고 훌륭한 분이시다. 나는 이 부인이 남편을 감동시키려고 일부러 그랬을 것이라고 생각진 않는다. 작심삼일이라거늘 그 긴 세월 한결같이 순종적일 순 없는 일이다. 무심결에도 불평 한 마디쯤 내뱉을 수도 있다. 하지만 이 엄마는 특히 아이들 앞에선 아버지의 권위를 하늘처럼 치켜세웠다. 속이 어떠했는지도 알 수 없다. 속이 어쨌건 아이들 앞에 늦게 오는 아버지를 인기인으로, 혹은 회사 일에 중책을 맡은 사람으로 치켜세운다는 건 쉬운 일이 아니다. 밤마다 술타령인데 어찌 걱정이 안되고 속이 상하지 않으랴. 그렇다고 잔소리나 하고 바가지를 긁는대서 남편의 귀가가 빨라지지도 않는다.

　"아이구 또 술이구나. 제발 너희 아비는 닮지 마라."

　아이들 앞에 이러는 엄마도 적지 않다. 속대로 하고 싶은 말을 하고 나면 당장이야 후련할 수도 있을 것이다. 하지만 이 집의 가장의 권위는 어떻게 될 것이며 그렇게 되었을 때 아이들의 장래는 또 어떻게 될 것인가.

　속이야 끓어도 아버지의 권위는 살아있어야 한다. 이 경우 엄마의 태도가 무엇보다 중요하다. 남편이 미워도 애들 교육을 위해서는 참을 건 참아야 한다.

　석이 엄마는 이 점에서만은 철저했다. 단칸 셋방살이를 하던 시절에도 남편의 책상을 마련해 놓았고, 책상 근처엔 아이들이 얼씬도 못하게 했다. 아버지가 안 계신다고 아버지의 의자에 함부로 앉게 두지도 않았다.

　여남은 평 아파트로 옮기고서는 제일 먼저 남편 서재부터 마련했다. 에어콘, 히터, 모든 편리한 문화시설이 남편 서재에 집중되었다.

　아이들 공부방보다 남편의 서재에 더 신경을 쓴 이 엄마의 슬기를 난 존경한다. 이런 집안에서 자란 아이라면 사회에 나가서도 어른을 존중하고 잘 따를 것이다.

　요즈음 민주화 바람을 타고 평등, 자유를 외치고 있다. 하지만 끝내 방종으로 흘러 바야흐로 무질서와 혼란 속으로 빠져들지 않았는가. 아버지를 정점으로 하는 위계질서가 마치 구시대의 상징이니 봉건적 잔재니 하고 비판하는 무리들이 없지 않다. 얄팍한 지식으로 선동하는 천치 같은 평론가의 무책임이 오늘의 혼란을 불러들인 것이다.

　민주 사회가 평등 사회라곤 하지만 이 평등을 잘못 해석하다간 큰코 다친다. 미국이 자유스럽지만 실로 철저한 계급 사회라는 사실을 잊어선 안된다. 사장 없다고 사장 자리 함부로 앉는 그런 사원은 일찌감치 도태당하고 만다. 아이들 앞에서 선생 흉이나 보면서 그 선생 밑에 공부시키러 보내는 우는 범하지 말아야 한다.

　아버지는 하늘이다.

'옹고집 아버지'의 향수

아버지의 고집스러운 주관이 아이들에겐 가치판단의 기준이 된다.

〈마이 웨이〉(My Way)라는 영화가 있었다. 옹고집 아버지의 이야기가 주제였다.

아이들을 모두 마라톤 선수로 길러야겠다는 아버지의 고집에 반발, 철이 들면서 아이들은 드디어 가출해 버린다. 그래도 아버지는 고집을 꺾지 않는다. 이젠 혼자서라도 시합에 출전할 수밖에 없다.

시합날이 되자 작은 시골 마을은 온통 축제 분위기로 들떴다. 하지만 외로운 출전을 해야 하는 이 아버지에겐 참으로 쓸쓸한 날이었다.

드디어 출발 신호가 울렸다. 중반에 들자 아버지의 속도는 떨어지기 시작했다. 아이들 몫으로라도 우승을 해야겠다는 그의 집념도 나이 앞에선 어쩔 수 없었다.

그때 아버지 바로 뒤로 추격해 오는 아들의 모습이 나타난다. 허위적거리는 등을 치면서 "아버지 힘내세요"하는 소리가 들린다. 돌아보니 아들이었다. 그 순간의 아버지 표정이 스크린 가득히 채워진다.

사실 이 영화는 이 장면이 압권이다. 뭐랄까? 반가움, 기쁨, 고마움, 얄미움, 승리감, 미안함…… 우선 놀랐을 것이다. 반갑기도 했을 것이다. 왜 이제 나타났나 야속한 생각도 미움과 함께 들

었을 것이다. 이제라도 나타나 준 아들이 고맙기도 했으리라. 이 젠 우승할 수 있으려니 하는 기대도 했을 것이다. 자기 고집이 좀 미안하기도 했으리라…… 그야말로 만감이 교차되는 아버지의 얼굴이었다. 땀범벅이 된 얼굴에 지친 흔적이 역력하다. 가쁜 숨을 몰아 쉬면서 아들을 향해 눈을 찡긋거리는 그 늙은 아버지의 모습이 스크린 가득히 다가올 때, 관중들은 모두 자기 아버지의 상념과 함께 완전히 압도당하고 만다.

열광하는 스탠드의 관중 앞에서 아들은 마지막 피치를 올려 선두를 따라 잡고 우승 테이프를 끊는다.

줄거리는 아주 간단하다. 하지만 이 영화는 미국뿐 아니고 전 세계인의 심금을 울려 준 감동적인 영화였다.

"후회도 더러 있었지요. 하지만 난 내 뜻대로 했었지요……."

주제가는 이렇게 끝을 맺고 있다. 부권(父權)이 사라진 오늘날, 이 영화가 그렇게 큰 반향을 불러일으켰다는 건 이상한 일이라고 평론가들은 말했다. 하지만 오늘의 세계인들은 그만큼 아버지의 고집스러움에 대한 향수가 진하게 남아 있다는 증거다. 요즈음 아버지가 너무 나약한 데서 오는 반향이다.

너무 쉽게 시대 조류에 영합하고 아이들 요구대로 들어 주는 아버지, 우선 인기가 있을는지 모른다. 하지만 사람들은 조금은 고집스러운 아버지에의 향수도 동시에 갖고 있는 것이다. 때로는 아버지의 '안돼!' 하는 강력한 제재가 있었으면 하는 게 아이들의 또 다른 일면이다.

"그날 밤 아버지가 강력하게 안된다고 말렸더라면 내가 이 사고를 저지르진 않았을 텐데……."

야구 시합 구경가서 패싸움을 벌이다 경찰 신세를 진 어느 고교생의 독백이다.

너무 엄하게 길러도 아이들이 반발한다는 게 요즈음의 '상식'이다. 웬만하면 아이들 하고 싶다는 대로 하게 한다. 상당히 융통성이 있는 아버지다. 시대조류에 맞게 소위 현대적인 아버지다. 하지만 그게 그만 화를 자초하고 말았다.

시대의 흐름이 어떻건, 유행이 무엇이건, 남들이야 뭐라건 내 생각대로 흔들리지 않는 아버지가 때로는 되었으면 싶다.

조금은 고집스런 아버지가 아이들에게 당장엔 인기가 있을 리 없을 것이다. 그래도 내 식으로 키우겠다는 아버지의 의지가 아이들의 흔들리는 기분을 가라앉힐 수도 있는 힘이된다. 요즈음처럼 가치관이 흔들리고, 도대체 어느 기준에 따라 살아야 할 것인지 혼란스러울 적엔 아버지의 뚜렷한 주관이 아이들에겐 판단의 구심점이 될 수 있기 때문이다.

아버지의 주관이 조금은 보수적이라도 좋다. 봉건적이라고 아이들한테 비판을 받을 수도 있을 것이다. 마찰이 생기고 때론 반항도 할 것이다. 그래도 우겨야 한다. 옹고집이라고 핀잔을 듣더라도 끝까지 버텨야 한다. 그런다고 아이들이 아버지 말대로 100% 따르리란 생각도 물론 금물이다.

아이들은 나름대로의 판단력이 있다. 취사선택할 능력이 있다. 아버지 앞에선 듣는 척하면서 나름대로 계산을 한다. 따르건 안 따르건, 얼마를 버리고 얼마를 취하든 그건 아이들 판단이다. 하지만 아버지의 고집 뒤에 숨은 그 정신을 아이들이 이해할 수 있는 것만으로도 큰 수확이다. 아이들 생각이 혁신적이고 시대 흐름에 맞는다고 해도 세상 일이란 게 그렇게 빨리, 쉽게 변하는 게 아니란 사실을 상기시켜 주는 것도 도움이 될 것이다.

국회에서도 언제나 혁신세력의 발언이 인기다. 그러나 나라는 언제나 인기없는 보수 정당의 정책대로 되어 간다는 사실을 가르쳐야 한다.

가정에서도 물론 변수와 상수 세력이 있다. 보수적인 부모 세대의 상수 세력이 너무 강해도 가정의 발전이 없다. 혁신적인 아이들의 변수 세력도 조금은 가미되어야 발전이 된다. 단, 상수가 흔들릴 정도의 변혁은 안된다. 가정이라는 기반이 뿌리째 흔들려선 안되기 때문이다. 상수나 변수는 그 세력이 적절한 균형을 유지하되 상수 쪽이 더 든든해야 한다는 사실을 잊어선 안된다.

내 생각대로, 내 뜻대로 키워야 한다. 아무리 시대 조류가 남녀 동등 쪽으로 흐르고 있지만, 그게 싫다면 그렇게 안 가르쳐도 된다. 요즈음은 딸도 남자 아이처럼 길러야 한다지만 그게 마음에 안 들거든 그렇게 안해도 된다. 여자는 여자답고 얌전하게, 조금은 사치스럽게 예쁜 옷을 입혀 길러도 된다. 여성 천국인 미국에서도 딸을 키우면서 'A학점을 따지 마라!', '남자아이에겐 좀 바보스럽게 굴어라'고 가르친다.

제법 똑똑하다는 남자라도 똑똑한 여자를 싫어한다는 걸 알고 있기 때문이다.

아버지의 옹고집이 새삼 그리운 세상이다.

자녀와 함께 성장한다.
아버지의 인간적 미숙이 때론 아이에게 조롱의 대상이 된다.

애들 같으면 꾸중이라도 할 텐데 내가 한 짓이니 꾸중도 할 수 없고, 이거야 원 그저 쑥스럽고 미안하니 내 뒤통수나 치고 입맛이나 다실 수밖에 없다.

누구나 경험하는 일이다. 요컨데 사람은 누구나 완벽할 수 없다는 사실이다. 우리는 죽는 순간까지 배우고 성장하고 있다는 사실을 확인해 둘 필요가 있다.

성장이란 아이들만의 과제가 아니다. 어느 나이에서나 인간은 언제까지 여기에서 예외일 수 없다. 아이와 함께 부모도 가정에서 성장하고 있다는 이 엄연한 사실을 외면해선 안된다.

나는 부모니까, 어른이니까 마치 완벽하다는 듯한 착각은 금물이다. 애들을 가르치고, 지시하고, 꾸짖고 하는 위치에 있기에 마치 자신은 완벽하다는 것 같은 착각을 일으키기 쉽지만 이게 착각이라는 자각만은 분명히 해야 한다. 이 착각이 자신을 옹고집으로 만들고, 때로는 억지를 쓰게 되고 쓸데없는 권위만 내세워 고함을 치면서 아이들을 굴복하게끔 협박을 한다.

"어딜 가? 안돼!"

"아버지 사실은 그게 아니고……."

"못 가! 너희들이 모여서 하는 짓거리라는 게 뻔해! 토론회라는 거 안 들어봐도 다 알아. 잔말 말고 오늘은 집에서 대청소다."

이건 어거지다. 아이들이 승복할 리가 없다. 아버지 고함에 눌려 청소야 하겠지만, 더 어지렵혀 놓지나 않으면 다행이다. 끝까지 자세히 들어보지도 않고 '안돼!'라고 해버린 것이다. 이제와서 자기 결론을 거두어 들일 수 없게 된 것이다.

아버지의 권위는 세워야겠고 이젠 억지를 부려서라도 고집을 세울 수밖에 없다. 우리 가정에서 흔히 있는 일이다. 일요일 토론회에 가겠다는 아이라면, 그게 대청소를 빼먹고도 참석해야 할 만큼 유익한 것인지 아닌지는 물론 아버지의 판단이다. 판단이 안 서면 전문가에게 물어봐도 된다. 부모가 모르는 것도 있다는 사실을 아이들에게 알려 둘 필요도 있다. 알고모르고가 분명한 부모를 존경한다. 모르면서 아는체 하는 부모를 아이들은 경멸한다. 요즈음 아이들이 얼마나 영리한데, 모르면서 허세를 부려도 아이들이 눈치를 못 챈다면 당신은 아이를 잘 키우고 있다고 할 순 없다.

'이 문제는 외삼촌과 의논해 보자.'

이 정도 여유를 갖는 것도 좋다. 섣불리 결론을 내리진 말자. 그리고 그게 잘못된 줄 알면서도 아버지의 위신상 억지로 밀어붙이는 일은 없어야겠다. 그게 당신의 조급한 성격, 미숙한 대인관계에서 비롯된 것이라면 더욱 그렇다. 부자관계도 대인관계인 이상 상식으로 지켜야 할 모든 원칙이 예외없이 적용된다는 사실을 명심해야 한다. 가령 남의 이야기를 끝까지 듣고 자기 의견을 내놓는 일, 이건 인간관계의 상식이요 기본이다. 이 원칙을 무시한 데서 문제가 빚어진 것이다. 녀석이 착해서 망정이지 "토론회에 안가도 되는지 아버지가 어떻게 알아요?"하고 덤볐다면 당신의 응답이 궁금하군요. 그리곤 옷을 챙겨 입고 휑하니 밖으로 나갔다면? 대문을 쾅 닫고 말이다.

아버지의 인간적 미숙이 아이에게 조롱의 대상이 되고 때론 반항의 계기를 만들기도 한다.

좀더 배워야 한다. 아직도 우리는 배우는 과정에 있고 자라는 과정에 있다. 아버지라고 예외일 수 없다.

그때는 다 알 것 같았는데…… 돌이켜보면 그게 얼마나 어리석고 모자라는 생각이었는지 얼굴이 붉어진다. 30대가 되어 20대를 돌아봐도 그러했고, 50대가 되어 40대를 돌아봐도 역시 그런 기분이다.

40에 불혹이라 했거늘 나도 이젠 남의 이야기에 쉽게 흔들릴 나이도 아니란 자신이 있었다. 아이들 앞에도 당당했다. 나의 사회적 위치나 관록으로도 당연히 그래야 할 일이었다. 하지만 50도 중반을 넘어서 돌이켜 보노라면 그때도 역시 어렸구나 하는 생각 금할 길 없다. 지금의 나도 몇년이 지나면 또 바보스러웠다는 생각을 하게 되겠지.

내가 쓴 글을 읽어도 똑같은 기분이다. 10년 전에 쓴 걸 다시 펼쳐들면 얼굴이 간지럽다. 이걸 글이라고 세상에 내놓았나 싶은 부끄러운 자책이 앞선다. 그땐 제법 안답시고 자신있게 써 내놓았던 글이다. 부끄러움을 무릅쓰고 또 글을 써야 하는 까닭도 그 때의 모자람을 보상하기 위해서다.

나이를 먹음에 따라 얻어지는 지식은 책에서 익힐 수 있는 지적 지식과는 차원이 다르다. 지식이라기 보다 산 체험이요, 지혜요 슬기다. 이것은 책에서 얻어질 수 있는 게 아니다. 기나긴 인생길 애환 속에 깃든 수많은 일들, 기쁘고, 슬프고, 서럽고, 고달프고…… 이 많은 체험들이 차곡이 쌓여 결이 삭아 우러나온 삶의 지혜다. 배움에 있어 나이가 없다는 선현들의 말씀이 실감난다.

가정에선 아이들 앞에서 함께 성장한다는 겸허한 자세를 잊지 말아야 한다.

하는 일에 긍지를 보여라
세상의 못난 아버지가 아이들의 동정을 사려는 사람이다.

김군의 문제가 본격화된 것은 살던 집, 전세방을 또 옮겨야 했던 때였다. 주인집 아들이 제대하고 돌아오니 집을 비워 달라는 전갈을 받은 날이었다.

그날 밤 늦게 돌아온 김군은 술에 만취된 상태였다. '이렇게 살 바에야 다 죽어버리자'고 고함을 치면서 밤새 소란을 피웠다. 엄마가 애원을 해도 소용이 없었다.

그때까지만 해도 아버지처럼 말수도 적고 이렇다할 문제도 없이 그저 여느집 아이와 다를 바 없었다. 작은 공장의 기술자로 일하는 아버지는 한 푼을 헤프게 쓰지 않았다. 김군 남매도 잘 자라주었다. 문제라면 아이들이 고등학생이 되고 보니 덩치가 커서 두 칸 짜리 전세방을 구해야 하는 게 쉽지가 않은 점이었다.

겨우 얻은 집을 또 비워 달라니 아버지로서도 걱정이었다. 하지만 맏이인 김군에겐 상당한 충격이었던 모양이다. 몰래 마셔온 술을 그때부턴 내놓고 마시기 시작했다. 마시면 싸우고 경찰서에도 단골 손님처럼 되었다. 공부가 제대로 될 리도 없었다.

그가 무엇보다 싫었던 건 지겨운 셋방살이였다. 그는 아버지를 무시했다. 그런 주변머리도 없이 아이는 왜 낳았느냐고 대들기도 했다. 그래도 아버지는 말이 없었다. 보다 못한 엄마가 김군을 데리고 상담실에 나타났다.

그는 아버지를 미워하고 있었다. 미워한다기보다 무시하고 있었다. 무능한 가장, 세상 사는 재주도 없는 가장으로 경멸하고 있었다.

김군의 치료는 잘 되지 않았다. 자조적이고 파괴적인 행동은 얼마간 더 계속되었다.

그러던 어느 날이었다. 중소기업 진흥책을 위한 상공부 주최 심포지엄에 그의 아버지가 연사로 주제 발표를 한다는 것이었다.

나는 김군에게 온 가족과 함께 가보기를 간청했다.

이것은 김군에겐 혁명적인 계기가 되었다. 권유에 못이겨 가긴 했지만 큰 기대를 하진 않았다. 원래 그런 아버지였으니까. 하지만 그게 아니었다. 아버지는 여느 때처럼 조용했다. 다른 연사처럼 말이 유창하거나 톤이 높지도 않았다. 하지만 아버지는 차분한 어조로 논리정연하게 자기 소신을 밝혔다. 발표는 대성공이었다. 사람들은 뜨거운 박수를 보냈다. 그것은 결코 의례적인 박수가 아니었다. 김군도 분명히 느낄 수 있었다. 뒷자리에 있던 김군은 자신도 모르게 일어나 뜨거운 박수를 보냈다. 이건 대단한 감동이요 충격이었다.

그날 이후 김군의 태도는 완전히 달라졌다. 이제는 시시하고 무능한 아버지가 아니었다. 그는 진심으로 아버지를 존경하기 시작했다. 못난 자식에게 그런 수모를 당하고도 큰소리 한 번 치지 않았던 아버지가 이제야 위인처럼 다가오는 것이었다. 물론 술도 끊었다. 이제 그는 내던졌던 책을 다시 펴들었다.

여름방학 동안 아버지 다니는 공장에 아르바이트를 나가는 걸 끝으로 상담은 끝났다. 뽐낼 것도 없지만 뽐내지 않고 말없이 그저 자기 맡은 일을 열심히 하는 아버지, 가족을 위해 묵묵히 참고 오늘도 일터로 가시는 아버지, 그가 하는 일이 비록 시시하고 하찮은 일인지 모른다. 하지만 그는 불평하지 않는다. 가족의 생계가 매여있는 이상 그에겐 더없이 소중한 일터이기 때문이다. 세상의 아버지는 그래서 위대하다. 시시하다(?)고 경솔하게 함부로 판단해선 안된다.

아버지가 하는 일을 보여라.

난 그래서 아이들에게 아버지가 하는 일을 보여 주기를 권한다. 비록 화려한 일은 아니라 하더라도, 비록 사람들로부터 추앙을 받는 높은 자리가 아니라도 좋다. 아니 사람들 눈에 시시하고 하찮은 일터라면 더욱 좋다. 멸시받는 일이라도 좋다. 그런 일도 마다않고 열심히 일할 수 있다는 걸 보여 줄 필요가 있다.

세상일이란 게 다 화려할 수는 없다. 사람들이 기피하는 일, 야간 경비하는 일…… 우리 주위엔 보이지 않는 곳에 맡은 바 일에 충실한 많은 아버지를 본다. 그런 일도 열심히 할 수 있다는 것, 가족을 위해 말없이 일하는 아버지, 사회로부터 크게 존경을 받고 있진 못하지만 그래도 할 수 있는 아버지, 그런 아버지의 일하는 모습을 지켜보노라면 아이들에겐 큰 감동이요, 교육이 될 것이다.

우리가 사는 진솔한 모습을 아이들에게 보여야 할 필요가 있다. 이것이 감동적이고 교육적으로 되려면 아버지의 불만이 보여져선 안된다. 자기 하는 일에 긍지와 자부가 없어도 좋다. 단 불평은 말아야 한다. 신세타령도 아이들 앞에선 안된다. 세상에 못난 아버지가 아이들의 동정심을 사려는 사람이다. 아버지가 아이들로부터 얻어야 할 것은 이해와 공감이지 동정은 아니다.

자기 하는 일에 불평이나 늘어놓고 신세타령이나 한다면 철든 아이들에게 연민의 정을 느끼게 할는지는 몰라도 감동을 줄 순 없다.

우리는 아직도 직업에 관한 한 사회적인 고정관념에 집착되어 있다. 관존민비 사상도 아직은 강하게 남아 있고, 소위 사(士)자 돌림이라야 좋은 직업인 줄 알고 있다.

서구사회와는 생각이 많이 다르다. 대장간도 좋고 동 서기도 좋다. 성도 그대로 다 쓰는 가족이 많고 대를 잇는 가업도 많다. 우리 눈에 시시하게 보이는 직업에도 대를 이어가며 대단한 긍지에 차 있다. 서구의 아버지들은 아버지의 직업에 따라 기가 죽고 살고 하진 않는다.

서구의 아버지는 자기 하는 일에 무한한 애착과 긍지를 갖고 있기 때문이다. 아버지가 자기 하는 일을 창피하게 생각하면 아이도 마찬가지다. 열등감이 생기고 친구들 앞에 가면 기가 죽는다. 집에 친구를 데려 오지도 못하고 심지어는 거짓말도 하게 만든다.

아버지의 직업에 긍지를 갖게 해라.

그것은 아버지의 태도가 만든다. 아이들을 위해 이 말은 꼭 명심해야 한다. 아! 이 지겨운 일을 또 자식에게 물려줄 수야 없지 않은가? 그게 걱정이라면 더욱 긍지를 보여야 한다. 자신있게 자라면 아이들의 생각이 달라질 수도 있다. 그래도 가업을 계승하겠다면 그건 그의 선택이다. 단, 당신처럼 그 일을 그리 비참하게 생각하진 않는다는 점이다. 그렇다면 그 길을 선택할 까닭이 없지 않은가? 같은 일을 해도 마음이 다르다.

아버지 하는 일에 긍지를 갖게 해야 한다.

훈육의 언덕, 엉덩이

야단맞는 아이는 언젠가는 아버지에게 복수하리라 벼르기도 한다.

레닌이 죽으면서 스탈린을 제거하도록 그 유서에 남겼다. 그의 재능은 인정되지만 포악함이나 용서할 줄 모르는 성격을 걱정해서였다. 불행히 때가 늦었다. 스탈린은 이미 실권을 장악하고 있었고 누구도 그를 축출할 수 없었다. 오히려 그를 따르지 않는 사람을 무차별로 투옥, 처형함으로써 소련의 비극, 아니 20세기의 비극이 시작되었다.

이것은 스탈린의 정치이념이나 사상 이전에 그의 난폭한 성격 탓이었다. 그는 어릴 적 구두 수선공인 아버지에게서 심한 매질을 받으며 자랐다. 학자들은 그의 난폭한 성격 배경으로 이유도 없이 걸핏하면 매를 맞고 자라야 했던 환경 탓으로 설명하고 있다. 무식하고 하찮은 구두 수선공 루가쉬빌리는 가혹한 구타에 의해 그의 아들을 역사상 최악의 독재자로 길러낸 것이다.

예술가가 꿈이었던 아들을 아버지의 난폭한 매질로 인해 끝내 흉측한 독재자로 변신케 한 히틀러의 생애도 너무나 꼭 같다.

나는 학자들의 이런 견해에 이의를 달고 싶은 생각은 추호도 없다. 그렇다고 아이들 교육에서 매질에 반대하는 입장 또한 아니다. 어떤 이유로도 체벌은 안된다는 절대 불가론에도 정당한

근거들이 많다. 그런가 하면 '사랑의 매질'이란 이름으로 그 필요성을 강조하는 측에도 근거는 있다.

이 해묵은 토론은 영영 결말이 나지 않을 것이다. 하지만 이런 논란 자체가 아이들을 버려 놓게 되는 건 아닌가 걱정이다.

조물주는 훈육의 언덕, 엉덩이를 만들어 놓았다. 이걸 잘 활용해야 한다. 꾸중하고 벌하는 건 일차적으로 부모의 책임이다. 왜냐하면 부모만이 할 수 있는 방법이 따로 있기 때문이다. 외출금지, 용돈 깎는 일, 오락 금지, 싫은 일 시키는 것, 체벌, 혹은 때리는 일까지 이런 것들은 아무나 할 수 있는 일은 아니다. 학교 선생에게 그런 권리를 일부 위임하긴 했지만 이것 때문에 마찰이 일어나는 경우가 특히 요즈음 적지 않다.

이런 것들이 남용, 오용되는 경우라면 '작은 스탈린'의 위험성도 물론 있다. 하지만 사랑하는 자식 교육에 관한 한 체벌권은 부모가 갖는 결정적인 수단이다. 손 한 번 안대고 잘 자란다면 이것만으로도 그 가정은 큰 축복이다. 실제로 그런 착한 애들도 적지 않다. 하지만 대부분의 가정에선 부모의 이 권리 행사를 하지 않으면 안된다. 아이들의 개성이나 성격 그리고 위반의 정도나 성질에 따라 적절한 방법을 써야 한다. 반성을 재촉하는 뜻이요, 재발을 방지하는 의미에서다.

결론은 선택적 사용이 불가피 하다는 것이다. 단 거기엔 조건이 있다. 감정이 아닌 이성으로 해야 한다는 조건이다. 스탈린 아버지처럼 돈벌이가 시원찮다고 돌아와 아들에게 분풀이를 한다면 이건 교육이 아니다.

아버지가 회사 일이 잘 안될 때, 엄마가 남편에 불만이 있을 때 죄없는 아이들을 들볶는다. 하찮은 걸 갖고 야단을 치거나 매질을 한다. 그리고 한참 있노라면 영 기분이 찜찜하다. 후회가 되고 아이 보기 미안하다. 아이가 야단을 맞아야 할 일인지, 아니면 문제가 있는 것인지를 잘 감별해야 한다.

부모에게도 인간적인 고민이 있고 짜증날 일도 많다. 하지만 억울하게 당해야 하는 아이들 입장에선 그런 부모의 심경을 헤아릴 여유는 없다. 또 그런 나이도 아니다. 이런 상황에서는 꾸중의 효과는커녕 반감만 생긴다.

아이들은 영리해서 제가 한 짓이 과연 이 정도의 야단을 맞아야 할 일인가를 나름대로 평가할 줄 안다. 당장에는 안되지만 제 방에 돌아가 앉아 있노라면 억울한 기분은 차츰 가시고 자기 잘못을 뉘우치게 된다. 하지만 불행히 억울한 기분이 영 가시지 않고 이게 모두 부모 자신의 문제 탓으로 돌린다면 아이의 반감만 키워 놓는 셈이다.

아이들이 부모의 인간적 고충을 이해하게 되는 건 먼 훗날 어느 연령이 되어서야 가능한 일이다.

그 다음, 교육적으로 필요하다는 판단이 서는 경우에도 흥분이 지나쳐 제 감정을 자제 못하는 지경으로 되어선 안된다. 아이를 꾸짖는데, 더구나 매질을 해야 하는 경우라면 기분이 좋을 리 없다. 잔뜩 화가 난다. 폭발 지경이다. 하지만 폭발해선 안된다. 작은 일로 시작한 매질이 부모가 제 성에 못이겨 닥치는 대로 손을 들고 때리는 통에 뼈가 부러지거나 발길로 걷어차 장파열을 일으킨 경우도 있었다. 이건 싸움이지 꾸중이 아니다. 더구나 일방적 싸움이라 치사한 짓이다.

체벌 절대 불가론을 펴는 사람들은 바로 이 점을 염려해서다. 그리고 그건 대단히 설득력있는 지적이다. 매질을 하는 순간 공격중추가 자극되어 점점 화가 증폭되기 때문에 끝내 자제력을 잃어버린다.

이쯤 되면 못할 말 없다. 죽어라, 나가라…… 아이들 마음 속에 오래 상처를 남길 말도 서슴지 않는다.

서당에서 훈장이 매질을 할 적엔 반드시 의관을 똑바로 한 후 충분한 시간적 여유를 두고 했었다. 성난 것을 가라 앉히고 권위와 위엄을 갖추기 위함이다.

매질 속에는 추호의 감정 개입이 되어선 안된다. 권위가 없는 매질은 폭행이요, 그렇다고 권위만의 매질로써는 아이에게 반성을 촉구할 수 없다. 위엄 속에도 따뜻한 애정이 전달될 수 있어야 한다. 부모는 이 점에서 균형이 잘 맞아야 한다. 아버지한테 야단 맞고 있는 아이는 잔뜩 성이 나 있다. 제 잘못은 뒷전이고, 이건 좀 심하다, 억울하다는 기분이 들기 때문이다. 반감도 생기고 언젠가 복수를 해야지 하는 생각까지 든다.

이럴 때 엄마가 적당히 끼어들어 아이를 빼내 온다. 아버지의 위협권에서 벗어나 부엌으로 왔을 때 비로소 엄마 앞치마에 머리를 처박곤 서럽게 흐느껴 운다. 아버지한테 품었던 복수의 감정도 사라지고 그제야 자신의 잘못을 뉘우치게 된다. 그것은 아버지의 차가운 매질에 이은 엄마의 따뜻한 치마폭의 위력이다.

강해야 아버지다 ②

앞치마 두른 아버지를 보는 일은 이제 공처가의 애교만은 아니다.

이 아이는 전형적인 부잣집 망나니였다. 고등학생 신분에 성병 클리닉의 단골 손님이라면 더 긴 설명이 필요없을 것이다. 외관만 봐도 텔런트가 기죽을 판이다.

도대체 이 학생에게 아버지가 있는 건가. 있다면 어떤 아버지일까? 틀림없이 무식한 신흥 졸부일 것이다. 아니면 이 학생은 첩의 소생일 것이다. 그도 아니라면 소위 말하는 나약한 '사탕아빠'일 것이다. 아이가 원하는 대로 다 사주고 용돈도 세지 않고 확 꺼내 주는 그런 아버지일 것이다.

난 솔직히 그런 위인일 것으로 단정하고 있었다.

한데 다음날 내 방에 나타난 아버지는 전혀 그게 아니었다. 체구도 건장하고, 어찌나 위풍당당한지 기가 죽을 판이었다. 그는 6·25당시 포병대장으로 혁혁한 무공까지 세운, 그야말로 역전의 용사였다. 그는 예의도 바르고 아이에 대한 태도 역시 아버지로서 진지했다. 내가 생각했던 벼락부자도 아니었다. 당당한 대학 출신 엘리트로서 모범적이고 건실한 기독교 집안의 가장이었다.

'도대체 이 아버지에 어쩌다 저런 아이가?'

내 진단은 영 오리무중으로 빠져들고 있는 느낌이었다. 하긴 아버지도 동감인 모양이었다.

"알수가 없습니다. 잘 키우려고 애썼는데 이 모양이 되었으니 선생님 뵙기 죄송합니다. 넉넉한 형편은 아닙니다만 아이에게 필요한 건 다 해줬습니다. 이제 생각하니 그게 잘못 된 것 같습니다."

이제 해답이 나온 것 같다. 아버지는 유능하고 강했다. 다만 때론 '안돼!'라고 말할 수 있는 정신적 힘이 약했던 것이다. 강해야 아비라지만 어디 힘을 발휘해 볼 기회가 있어야지 — 독자 중엔 이런 항의가 나옴직하다. 땀 흘릴 일도 없고 갈아 붙일 밭도 없다. 그렇다고 아이들 보는 앞에서 육탄전이라도 벌일 건수가 있는 것도 아니고.

그건 사실이다. 이게 어쩌면 요즈음 아버지의 불행일는지도 모른다. 하지만 강하다는 건 꼭 완력만은 아니다. 강인한 정신력이 아이들에게 전달될 때 보다 강한 아버지가 될 수도 있다.

영화 〈필사의 도망자〉와 대결한 그 아버지는 완력이 아니라 무서운 정신력으로 이겨내었다. 그게 흉악범의 총부리보다 더 강한 힘을 발휘한 것이다.

정신적으로 강해야 한다. 한데 이 역시 쉬운 일은 아니다. 요즈음 아버지가 모두 엄마처럼 되어가기 때문이다. 부성의 모성화(母性化)가 빠른 속도로 진행되고 있는 것이다.

시대 조류가 강성 이미지의 남성보다 부드럽고 아름다운 여성상으로 바뀌어가는 탓도 있을 것이다. 유니섹스(Unisex) 물결과 함께 이제 가정에서도 아버지와 어머니의 구별이 없어져 가고 있다. 가사 일도 같이하고, 여권이 신장되면서 사회활동이 많아지니 아버지와 엄마 구별이 쉽지 않게 되었다. 부엌에서 앞치마 두른 아버지를 보는 일은 이제 공처가의 애교만은 아니다.

집에서 애보는 아버지가 꼭 실업자만도 아니다. 스스로 좋아서 하는 젊은 아버지도 많다.

나는 여기서 굳이 사내는 목이 말라도 부엌에 들어가선 안된다는 우리 할머니의 말씀을 들먹일 생각은 없다. 다만 아버지의 강성이 약해져선 안된다는 걸 말하고 싶다.

아내와 함께 미장원에 가도 좋고 앞치마 걸치고 설겆이를 해도 좋다. 단, 아버지로서의 강한 이미지는 살아 있어야겠다는 것이다. 가정에 강한 부성이 사라지면 아이들의 앞날이 걱정이기 때문이다. 정서적으로 불안하고 심약하기 짝이 없는 사람으로 큰다.

부모의 애정구조상의 차이

부드러운 모성과 강한 부성이 조화를 이룰 때 비로소 아이는 건전하며 강하게 자랄 수 있는 것이다. 어느 시대, 어느 문화권에서도 이건 만고의 진리다.

강한 부성이 아이들 마음 속에 자신을 지켜 나가려는 의욕과 결단을 불러일으킨다. 자신에게도 남에게도 지지 않게, 강하게, 더 강하게 하는 성장의 촉진제가 된다. 이것이 약함을 미워하는 아비의 자식에 대한 사랑이다. 이 점이 아비와 어미의 자식에 대한 애정 구조상의 차이다.

　아이들 마음 속은 잦은 악(惡)의 유혹들로 들끓고 있다. 질투, 시기, 미워하고 제멋대로 하고 싶고, 부수고 싸우고, 성적충동까지, 때론 잔인하고 자기중심적인…… 온갖 못된 생각들로 가득차 있다.

　이런 충동을 자제 못한다면 아이의 인생이 어떻게 될 것인지는 불을 보듯 뻔하다.

　이것을 자제하게 하는 힘이 부성의 영향이다. 강한 아버지가 거기 그렇게 버티고 있는 것만으로도 못된 유혹들이 감히 고개를 쳐들 엄두를 내지 못한다.

　아버지가 설 자리는 바로 여기다. 물론 이러한 충동은 단순히 자제하는 것만으로는 안된다. 이 파괴적인 에너지를 보다 건설적인 방향으로 승화시켜 줘야 하는 것, 이것이 아버지의 역할이다. 시기, 질투하는 아이에게 공정한 경쟁을 하게 가르치고, 파괴적인 아이에게 창조를, 싸우는 아이에게 운동을, 자기 중심적인 아이에게 협동심을, 성적충동을 예술로, 잔인성을 인간애로 승화시켜 주어야 한다.

　아이들과 함께 산을 오르고 캠핑을 떠난다. 숨을 헐떡이며 가파른 고개를 오르고 부어오른 발을 여울물에 담그고 찡그린 얼굴로 마주볼 때 이들 사이에 흐르는 정신적 교감이 어떠하리라고 생각됩니까?

　모기에 뜯기고, 설익은 밥을 그래도 맛있게 먹어치우는 풋풋한 웃음 속에 힘이 넘치고 유머가 피어난다.

　별을 헤며 우주를 이야기하자. 야구를 하고 잔디에 뒹굴자. 이불 위에 레슬링 한 판도 신나게 하자. 그리곤 씩씩거리는 아들놈의 팔을 베고 누워 보라. 둘만이 느낄 수 있는 강렬한 힘이 온몸 가득 느껴질 것이다. 뭐랄까, 든든하고 믿음직하고 뿌듯한, 용트림 같은 걸 느낄 수 있을 것이다. 이건 부자사이만이 느낄 수 있는 동물적 본성이다.

　아버지가 서야 할 자리는 여기다. 아버지의 힘이라는 게 무슨 거창한 이야기가 아니다. 아이들과의 이런 순간에 아버지의 힘이 전달되는 것이다. 아버지의 정신이, 인간이 스며드는 것이다. 특히 사내아이의 경우 이건 아버지만이 할 수 있는 일이다.

　요즈음의 우리 가정교육은 일차적인 책임을 엄마에게 맡겨 두고 있다. 몇번 말하지만 엄마 혼자만으로는 안된다. 자신있는 아이로 당당히 키우려면 역부족이다. 아버지가 있어야 한다. 그리고 강한 아버지여야 한다. 엄마 같은 아버지들에게 난 이 점만은 엄히 경고해 두고 싶다.

세계는 넓다.

갇히고 닫힌 좁은 마음을 저 넓은 세계를 향해 활짝 열자.

비엔나의 로스 여사 댁은 서구의 여느 집과 다를 데가 없는 평범한 가정집이었다. 이혼 후 두 딸과 함께 살고 있는 작은 집이었다. 한데 나를 놀라게 한 건 부엌에 붙어있는 커다란 세계지도였다. 한 쪽 벽을 온통 차지하고 있는 큼직한 지도였다. 작은 꽃 무늬가 한국 위에 꽂혀 있었다. 내 방문에 대한 이야기가 오갔으리라. 잠시 있는 동안 아이들은 질문이 많았다. 몇 시간 걸리느냐? 어느 나라를 거쳐 왔느냐? 그리곤 남북 관계까지 물어와서 어리둥절하게 만들었다. 이제 겨우 중학교에 다니는 딸아이들이다. 세계지도를 짚어가며 마치 작전 사령관이나 된 것 같은 모습이 귀엽기도 하고 놀랍기도 했다.

'그래 저거구나!' 난 속으로 이렇게 중얼거리고 있었다. 이 사람들은 어릴 적부터 세계를 향하고 있었다. 비록 땅덩이는 작은 나라들이지만 유럽 사람들의 눈은 저 멀리 세계 구석구석을 향하고 있다.

모든 길은 로마로 열려있다지만 거기만은 아니다. 유럽의 작은 나라들은 한때는 다 세계를 정복한 영광(?)의 역사를 갖고 있다. 스페인, 이탈리아, 프랑스, 독일, 영국…… 땅덩이로 친다면 우리보다 별로 클것도 없다. 하지만 이들에겐 한때 세계 역사를 주름잡던 시대가 있었다. 그게 비록 침략 정복의 발굽이긴 하지만 이들에겐 대단한 자부와 긍지로 남아 있는 건 사실이다. 이들의 의식 속엔, 세계가 살아움직이고 있다. 장사를 해도 온 세계가 상대다.

유럽인들은 3~4개 외국어쯤 상식이다. 서로간의 교류가 활발하다. 마찰도 잦고 시비도 많지만 그러면서 국제간의 협력도 잘한다. 여행을 해도 국내보다 국외가 더 많다. 자동차로 몇 시간만 달리면 국경을 넘게 된다. 국경이라는 개념도 우리와는 아주 다르다. 시외로 나가면 지나치게 되는 우리 검문소쯤으로 생각하면 된다. 수속이 복잡하지도 않다. 시장보러 국경을 넘나드는 유럽인이다.

유럽 통합(EC)이 하루 아침에 된 게 아니다. 이들의 세계관, 국제관이 우리 상식과는 전혀 다르기에 가능한 것이다. 세계를 마치 자기집 마당처럼 생각하고 있기 때문이다.

그곳의 박물관에 가보면 당장 느낄 수 있다. 온세계 구석구석의 문물들이 전시되어 있다는 데 놀라지 않을 수 없다. 돈으로 산 것도 있고 약탈해온 것도 많을 것이다. 어쨌든 세계를 주름잡던 그네들 조상들의 숨결이 살아 숨쉬고 있다. 거기에 반해 우리 박물관은 너무나 조용하고 초라하다. 화려한 문화유산이라고들 하지만 선뜻 납득이 가질 않는다. 그것도 우리것 뿐이다. 이것이 우리 박물관의 특징이다. 남의 걸 탐하지 않았던 양같이 순한 백성의 착한 모습을 엿볼 수 있게 한다. 그러나 또 한편 생각하면 우리야말로 우물안 개구리의 전형이 아닌가 싶다. 남의 것은 커녕 우리 것마저 지킬 줄 몰랐던 참으로 나약한 백성이었다.

지구촌의 일원으로

 우리 아이들마저 우물안 개구리로 만들어선 안되겠다. '세계는 넓고 할일은 많다' — 김우중씨의 이 한마디가 대단한 충격파를 던진 것도 이제 우리에게도 그러한 자각이 움트고 있는 것 같아 반갑다. 갇힌 마음, 닫힌 마음, 좁은 마음을 이제 저 넓은 세계를 향해 활짝 열어야 한다. 그러기 위해선 어릴 적부터 부모의 세심한 배려가 필요하다. 생활면에서 할 수 있는 일부터 찾아야 한다.
 아이들을 산으로 보내는 것도 좋은 방법이다. 그리하여 자기가 사는 동네를 내려다보게 해라. 그것만으로도 시야가 넓어질 것이다. "시야가 넓어도 그릇이 작은 인간도 있다. 그러나 그릇이 큰 인간은 반드시 시야가 넓다."
 누가 한 말인지는 잘 기억이 나지 않지만 내 어렸을 적 경험은 이 말을 실감나게 해준다.
 내가 왜 그날 오후 뒷산에 올라갔는지는 잘 기억이 나지 않는다. 하지만 산에서 우연히 내려다 본 우리 마을이 왜 그리 작고 초라했던지, 나 자신이 그렇게 부끄러울 수가 없었다. 인생무상이랄까? 여하튼 어린 가슴으로서는 표현하기 어려운 잔잔한 충격이었다. 갑자기 모든 게 시시해졌다.
 산에서 내려오는 길로 보물처럼 간직했던 구슬이며 딱지를 몽땅 동생들에게 나누어 줘버렸다. 워낙 욕심스런 나였기에 동생들은 본심이 믿기지 않았던지 처음엔 어리둥절하더니 좋아라고 갖고 나갔다. 난 이상하게도 전혀 아깝지 않았다. 그저 모든게 시큰둥하고 시시해 보였다. 이런 기분은 상당기간 지속되었다.

내가 원래의 나 자신으로 돌아오기까진 아마 며칠은 걸렸으리라 생각된다. 그간 나는 내 작은 가슴으로 소화해 내기 벅찬 고민 속에 빠져 허우적거렸다.

난 때때로 너무 탐욕스러워지는 나 자신이 미워질 때가 있다. 작은 일에 핏대를 올리고 아귀다툼을 해야 했던 자신이 부끄러울 때가 많다. 그럴 때마다 어릴 적의 그 뒷산에서의 체험을 상기시키곤 한다. '겨우 그 까짓걸 갖고' 좀더 넓게, 크게 보지 못한 내 자신을 후회하곤 한다.

이제 우리는 국제화 시대에 살고 있다.

지구촌 가족이라는 말도 있다. 무엇을 하든 온세계를 머릿속에 그리고 있어야 한다. 바둑도 대세를 볼 줄 알아야 이긴다. 까짓 한 두 점에 연연하다간 자칫 대세를 그르칠 수 있다. 국지전의 세기도 중요하지만 대세를 넓게 볼 줄 아는 큰 눈이 있어야 바둑에 이긴다. 축구에도 미드 필더는 시야가 넓어야 한다. 온 운동장이 눈에 들어와야 한다. 우리 선수, 상대 선수가 움직이는 모든 동작을 지켜보고 있어야 한다. 눈앞의 공을 컨트롤하면서도 그의 눈은 그라운드 전체를 보고 있다. 그래야 순간의 기습 찬스를 노려 그쪽으로 공을 보낼 수 있다. 불행히 우리 축구는 이점에서 큰 취약점을 안고 있다. 지난 월드컵에서도 전체를 볼 줄 아는 게임 리더로서의 유능한 미드 필더 부재가 참패의 한 원인으로 지적되었다.

아이들 방에 세계 지도를 걸어 놓으란 내 뜻이 이해가 되었을 것이다. 때로는 높은 산에 올라 우리가 사는 발 아래 세상을 내려다보게 하는 것도 도움이 될 것이다.

세계가 항상 머리 속에 살아 움직여야 한다. 외부에 대해 배타적이고 편협한 의식구조에 변혁이 와야 한다.

세계는 바쁘게 변화되어 가는데 아직도 우리는 남북으로 갈려 이빨을 갈고 있다. 이 좁은 땅덩이에서 말이다. 그것도 모자라 호남이니 TK니 하고들 아웅다웅 하고 앉았으니 속 좁은 우리 자신이 이젠 신물이 난다.

우리의 2세들이라도 좀더 큰 눈을 갖게 하자. 하나를 생각해도 세계를 상대로 하는 의식을 갖게 하자.

요령에 앞서 원칙을

민주사회가 안되는 이유는 줄을 설 줄 모른다는 것이다.

설악산 오색 약수터에서 있었던 일이다. 사람들이 길바닥에 길게 줄을 서 있다. 왜 저러고 섰을까 하고 봤더니 약수를 마시기 위한 줄이었다. 계곡 바위에서 조금씩 솟아나는 것이어서 좀처럼 줄이 줄어들지 않았다. 우물가엔 얌체들로 잠시 소란이 일기도 했지만 대부분의 사람들은 차분히 차례를 기다리고 있었다.

나는 그 광경이 그리 신기할 수 없었다. 어쩌면 한국 사람이 저렇게 차례를 지켜 기다리고 있을 수 있는지 참으로 감격적인 장면이었다. 어림짐작에 족히 한 시간은 기다려야 한 모금 얻어 마실 수 있을 것 같은데 용케도 기다리고들 있었던 것이다. 그러나 한편 우습기도 했다. 저 물 한 잔에 죽을 사람이 살아나는 효험이라도 있는 것인가? 왜 그리 기를 쓰고 기다리는 걸까?

나는 그 순간 어느 부자의 인생문답 한 토막이 생각나 혼자 실없이 웃었다. 아버지가 아들에게 이른다.

"사업에 성공하는 조건은 성실과 지혜다. 성실은 한번 약속한 이상 내가 망하는 일이 있어도 이를 지켜야 하는 일이다."

"그러면 지혜는 무엇입니까?"

아들이 묻는다.

"지혜란 그런 약속을 안하는 일이다."

사람이 모이는 곳에는 차례를 지켜 줄을 서야 하는 게 약속이다. 하지만 줄을 서기 전에 한 번 생각해 볼 일이 있다. 과연 줄을 서 그 긴 시간을 기다려야 할 값어치가 있는 일인가. 차라리 그 시간에 경치 좋은 바위 끝에 앉아 자연을 즐기고 시라도 한 수 읊는 게 더 바람직한 일이 아닐까? 거기엔 아이들을 데리고 선 부모도 있었다. 왜 긴 줄을 서 이 고생을 해야 하는지 아이들은 그 까닭이나 아는지 궁금했다. 부모들은 뭐라고 설명했을까? 이 물 한 잔에 건강하고 공부도 잘 하고? 설마하니 그런 이야기를 한 건 아닐 테지.

줄을 선다는 건 대단히 중요한 일이다. 이것 하나만은 철저히 몸에 배게 가르쳐야 한다. 우리에게 민주사회가 안되는 가장 큰, 어쩌면 유일한 원인일지도 모르는 장애요소라면 줄 설 줄 모르는 일이다. 이것 하나만은 철저히 가르쳐야 한다. 그리고 왜 줄을 서야 하는지에 대한 상황판단을 현명하게 하는 습성도 함께 가르쳐야 한다. 그게 돌아갈 차표라도 끊는 일이라면 줄을 서야 한다. 달리 선택의 여지가 없다는 판단이 서면 줄을 서야 한다.

거기엔 무슨 요령도 없다. 우직하게 제 차례가 오기만을 기다려야 한다. 한데 우리는 이런 상황이 되면 줄이 제대로 지켜지지 않는다. 버스가 오면 창문을 뛰어넘는 놈이 나타나고, 순간 줄은 흐트러지고 출입구는 당장 아비규환의 수라장으로 변한다. 이게 우리의 사회의식이다. 이런 상황이 예견되면 아예 안가는 게 현명하다. 간 이상 순리대로 원칙을 지켜야 한다. 그러다 버스를 놓치는 한이 있더라도 그래야 한다.

사람들은 이럴 때 줄보다 먼저 생각하는 게 있다. 역의 아는 사람에게 부탁할 수 없을까? 암표는? 그도 저도 안되면 눈치껏 차표도 없이 타버리는 배짱도 있다.

제발 아이들 앞에 이런 짓거리만은 말아야겠다. 그런 방법으로 일찍 집에 돌아왔다고 치자. 아이들에게 뭐랄 것인지가 궁금하다. 줄서 기다렸더라면 큰일날 뻔했다. — 요령껏 한 아비가 장하게 자랑이나 늘어놓지 않을는지 그저 가슴 조마조마하다. 아이들에게 세상 사는 요령을 가르치기라도 한 듯 우쭐해 한다면 아이들 장래가 걱정되어서다.

정도를 걸어야

　결론부터 말하면 일찍부터 요령을 가르칠 필요는 없다. 세상을 그리 쉽게 살 생각을 가르쳐서야 될 말인가. 말이 요령이요, 임기응변이지 그건 불법이다. 엄히 따진다면 범죄행위다. 그걸 요령이라는 이름으로 아이들에게 보여줘선 안된다. 어떤 명분으로도 이것만은 안된다.

　우리 아이가 워낙 눈치도 없고 요령이 없어 밥벌이나 해먹을 수 있을까 걱정이 되더라도 그건 아이에게 맡겨야 한다. 거기까지 부모가 나서 시범을 보이고 가르쳐야 할 의무는 없다. 나이가 들고 세상을 살다보면 나름대로 사는 슬기도 요령도 터득하게 된다. 그리고 그런 요령 안부리고 좀 불편해도 원칙대로 살겠다면 그것도 아이가 자란 후의 자기 판단이다. 부모가 나서 가르칠 일은 아니라는 말이다. 괜히 일찍 서둘러 가르치다간 요령이나 부려 쉽게 살려는 사기꾼밖에 더 될 게 없다.

　철의 여인이라는 대처 수상은 타협을 않는 것으로 유명하다. 자기가 옳다고 생각하면 절대로 굽히지 않았다. 탄광노조의 임금인상 압력에 끝까지 굴하지 않고 버틴 것이 고질적인 영국 병을 고치게 한 원동력이 되었다.

　'이래서는 나라가 망한다. 이미 대영제국은 시들고 있지 않는가' 국민은 그의 호소에 귀를 기울이기 시작했다. 여론을 업고 끝내 그는 이겼다.

정치가 타협이라지만 원칙을 어긴 타협은 오래 못간다. 이것은 그가 어릴 적부터 그의 아버지 무릎에 앉아 익힌 생활신조였다. 동네 유지였던 아버지 응접실에는 정치, 종교, 사업 이야기 등으로 언제나 사람들이 붐볐다. 그때부터 아버지는 어린 딸에게 원칙대로 밀고 나가야 한다는 걸 몸소 보여줬다. 당장엔 인기가 없어도 먼 훗날 결국 이긴다는 사실을 가르친 것이다. 그가 수상직을 물러난 것도 참으로 멋있는 결단이었다.

늦어도 제 차례가 올 때까지 줄을 서 기다려야 한다. 그러다 마지막 버스를 타게 되는 한이 있더라도 그래야 한다. 그래야 한다는 걸 아이에게 보여주어야 한다. 최악의 경우 그날 못 돌아오는 수도 있을 것이다. 그것도 해프닝이다. 그런다고 무슨 망할 일이 생기는 것도 아니다. 지나고 나면 즐거운 기억으로 남는다. 버스가 없어 기차역까지 걸어서 간 기억도 즐겁다. 밤하늘 별을 보며 시골역에서 기차를 기다리는 정취도 멋있다.

가나, 못가나가 중요한 게 아니다. 어떻게 가느냐가 중요하다. 새치기라도 해서 앞질러 갈 건가, 암표라도 사서 쉽게 갈 건가? 이건 전적으로 우리의 선택이다. 그렇게라도 가야 한다면 가야지. 하지만 그런다고 그 사람의 인생이 얼마나 화려할 것이며, 얼마나 앞서 갈 수 있으랴. 설령 그래서 앞서 갔기로소니 그게 인생에서 무슨 그리 중요한 의미를 갖는단 말이냐.

우리 한국 사람은 지나치게 목표지향적이다. 목표를 위해선 어떤 무리를 해도 좋다는 못된 생각들을 갖고 있다. 불법도 저지르고 부조리도 저지른다. 그래도 서울만 가면 된다. 그게 이기는 길이라고 생각하고 있다. 하지만 인생은 그런 게 아니다. 얼마나 가느냐가 중요한 게 아니라 어떻게 가느냐가 중요하다.

바르게 떳떳이, 순리대로, 합리적으로 가야 한다. 그래서 목표에 못닿는 한이 있더라도 가는 과정을 얼마나 충실히 하느냐가 더 중요한 것이다. 줄을 서 기다리는 걸 아이들에게 보여 줘야 한다.

혼자 멀리 보내라
아이들의 독립심을 기르는 데 여행보다 더 좋은 방법은 없다.

가장 귀여운 자식에겐 여행을 시켜라. — 인도의 격언이다.
아이들의 독립심을 기르는 데 이보다 더 좋은 방법은 없으리라.
혼자 먼 길을 나서면 갑자기 어른스러워짐을 느낄 수 있다. 집에서처럼 응석이 통하지 않는다는 걸 알기 때문이다. 모든 일을 혼자 처리하지 않으면 안되기 때문이다. 무슨 차를 타야 할지, 어디로 가야 할지 순간순간 많은 판단이 자기를 기다리고 있다. 누구와 의논할 사람도 없다. 깊이 생각할 여유도 없다. 순간적인 판단을 하고 실행에 옮겨야 하는 게 여행길이다. 새로운 상황이 벌어지면 새로운 방법으로 대처해야 한다. 다음 순간 또 무슨 일이 일어날 것인지 가벼운 긴장과 불안이 스쳐갈 것이다. 그러면서 또 한편 모험과 스릴로 신이 날 것이다.

이러한 흥분들로 이어지는 여행길은 아무리 조용한 아이라도 차분히 있게 놓아주질 않는다. 흥분인지 불안인지 가슴이 뛴다. 그저 온몸이 근질근질해서 어쩔 줄 모른다. 당황할 때도 있고, 혼이 날 일도 생긴다.

그런저런 일들을 다 겪어가며 무사히 집으로 돌아오게 되면 그제야 집의 푸근함을 느낄 수 있다. 집이란 게 이렇게 편하고 좋은 곳이구나 하는 진한 느낌, 이게 어쩌면 여행에서 얻은 가장 큰 수확인지도 모른다. 아이들은 집이라면 그저 잔소리 듣고 속박받는 따분한 곳이라고 생각하기 쉽다. 그래서 반항하고 때로는 가출에의 환상마저도 갖게 된다.

자유로이 어디나 가고 싶은 데로 훨훨 떨치고 떠나고 싶은 방황심리는 청소년 누구에게나 있다. 이걸 충족시켜 주면서 혼자만의 여행길에서 부딪치며 생각하며 그리고 스스로를 대견스럽다고 느끼면서 집의 소중함을 깨닫게 하는 것, 이것이 여행의 진수요 교훈이다.

내가 혼자 문경에서 동촌 고향까지의 대장정에 오른 것은 초등학교 1학년을 마치고서였다. 그것은 대단히 멀고도 복잡한 길이었다.

출발부터가 험난했다. 고향에 가겠다고 엄마를 졸라댔지만 데려갈 사람이 없어 안되겠다는 것이었다. 혼자라도 가겠다고 떼를 썼지만 엄마는 들은 척도 않았다. 평소에는 대범한 엄마였지만 그 먼 길을 혼자 보내기엔 자신이 없으셨던 모양이다. 덤벙대고 설치기를 좋아하는 내 기질을 아는 엄마로서는 그건 어쩌면 적절한 판단이었는지 모른다.

 한데 이게 웬일인가? 아버지가 아무말 없이 데리고 나가 점촌 가는 버스에 태워 주시는 게 아닌가.

 가슴에 꼬리표를 달고 점촌에서 기차에 올랐다. 다시 김천에서 기차를 바꿔 타고 대구에 도착할 무렵엔 그 긴 여름 해도 뉘엿뉘엿 서산을 넘어가고 있었다. 이상한 설움 같은 느낌이 잠시 들었다. 다시 동촌 가는 기차를 갈아타야 한다. 역 사무실에서 차 시간까지 또 얼마를 반 연금상태에서 기다려야 했다.

 아침부터 온종일 차를 탔지만 난 지겹다는 생각은 추호도 없었다.

 동촌에 내리니 앞집 아제를 위시해서 고향사람들이 한마당 나와 나를 기다리고 있었다. 나는 마치 개선장군처럼 당당히 아제의 등말을 타고 그 넓은 비행장 들판을 가로질러 고향으로 향했다. 그 기분이라니!

 난 지금도 그때의 감격을 돼새기노라면 코끝이 시큰해지곤 한다.

 기찻간에서 친절했던 승객들, 틈틈이 나를 돌보러 와주던 차장 아저씨, 빨간 그물 주머니에 들었던 삶은 밤맛하며 기찻간을 스쳐 지나가는 낯선 풍경들, 난 잠시도 자리에 앉아 있을 수 없었다. 이 자리 저 자리 옮겨다니다 콧잔등을 부딪쳐 코피가 흘렀을 때의 캄캄한 기억까지 나에겐 참으로 소중한 추억으로 고스란히 남아 있다. 사람마다 자라는 동안 나름대로의 큰 사건을 경험하게 된다. 때로는 아프게, 때로는 즐겁게 다가오는 크고 작은 이런 사건들이 얼마나 나를 성숙시키는 촉진제가 되었던가. 돌이켜 보면 수긍이 갈 것이다. 마디마디 대나무처럼 큰 사건 하나가 지날 적마다 우리는 보다 더 어른스러워지는 걸 스스로 느낄 수 있다.

내게 있어 고향까지의 대장정은 참으로 값진 체험이었다. 주머니에 7달러20센트를 넣고 미국 유학을 합네 하고 집을 떠나던 날에도 난 두려움이나 걱정보다 흥분이 앞서 있었다. 따지고 보면 그건 참으로 무모한 짓이었다. 아마 이 세상 누구도 그 먼 미국길에 그 돈을 넣고 떠나는 사람은 없을 것이다. 그때만 해도 미국은 달나라만큼이나 먼 길이었다. 하지만 난 자신만만했었다. 가히 돈키호테의 자만에 가까운 똥배짱이었다. 하지만 이것이 내 인생을 그런대로 풍요롭고 역동적으로 만들어준 것이다.

겁없이 떠났던 여행길, 그리고 조심하라는 말 한 마디 없이 성큼 버스에 태워주셨던 아버지의 용기가 없었던들 오늘의 나는 좀 다른 모습이 되어 있을 것이다.

난 지금도 계획없는 여행을 잘 떠난다. 호텔 예약, 심지어 식당 메뉴까지 미리 짜여진 여행을 하는 사람도 없진 않지만 난 그렇게 매이는 건 싫다. 또 그렇게 안전이 보장된 그런 여행은 스릴이 없어 싫다.

여행길엔 생각지도 않았던 해프닝도 일어나야 한다. 새로운 변수, 전혀 예기치 않았던 일들이 벌어져야 비로소 여행의 참맛을 본다.

미지의 세계, 불확실의 여정 — 이것이 여행의 진수다. 이것이 걱정이고 이런 것들을 대비해 완벽한 준비를 해야 한다면 당신은 그리 진취적인 사람은 아니다. 모험이나 도전이 없는 소극적인 사람이다. 그런 변수들이 걱정이 아닌 흥분이어야 한다. 적어도 자라는 아이들에게만은 그래야 한다. 그렇게 길러야 한다.

여행을 보내야 한다. 그것도 멀리, 혼자 보내야 한다.

3

끊어라, 떠나보내라

3
끊어라, 떠나보내라

아버지와 자식간의 거리는?
친구 사이와는 달리 부자 사이엔 권위와 위엄이 중요하다.

아버지들의 고민 중 하나는 아이들과 어느 정도, 어떤 사이여야 하느냐는 점이다. 재롱둥이가 차츰 철이 들어가면 아버지는 이 문제를 놓고 상당한 고민을 한다.

아기 때처럼 언제까지나 귀염둥이 취급만 해서는 안되겠다 싶은 생각이 들기 때문이다. 그렇게 길러서는 버릇없는 아이로 될지 모른다는 걱정도 든다. 그렇다고 너무 엄하기만 해도 반항할는지 모르고, 이것 저것 생각하니 부자관계 정립이란 게 쉽지 않다는 생각을 하게 된다. 거기다 아이의 나이나 성격, 개성에 따라 강약을 조절할 필요도 있고 보면 이 문제는 더욱 복잡해진다.

부자관계라고 다 같은 건 아니다. 시대에 따라, 문화권에 따라서 다르고 가정마다 다르다. 우선 아버지의 입장에서 보면 맏이를 대할 때와 막내를 대할 때가 다르다. 아들이 다르고 딸이 다르다. 부자 사이도 인간관계인 이상 두 사람의 품성에 따라서도 물론 달라진다. 어려워 말 한 마디 붙이지 못하는 사이가 있는가 하면 서로 친구처럼 다정한 사이도 있다. 라이벌 관계도 있고, 싫어 아주 원수가 되는 경우도 적지 않다.

일언이폐지하고 좋은 사이로 좋은 관계가 유지되어야 하겠는데 문제는 그게 쉽지가 않다는 데 있다. 두 사람 다 완벽한 인간이 아닐진대 둘 사이의 충돌이나 마찰은 필연적이다. 더구나 가르치고 때로는 꾸중도 해야 할 입장에 있는 아버지로서 위엄도 지키면서 좋아하는 사이가 된다는 건 결코 쉬운 일이 아니다. 실제로 많은 아버지는 그 한계를 어디다 그어야 하는지에 대해 고심을 하고 있다.

아들과는 어디까지 친구가 될 수 있느냐?

한 아버지가 이렇게 물어왔다. 친구라니? 부자 사이지 어찌 친구사이냐고 난 되물었다. 그래, 아들과 친구라면 딸과는 이성 친구냐고 반문했다. 말은 이렇게 했지만 솔직히 이게 정답인가에는 난 자신이 없었다. 하긴 친구의 정의를 어떻게 내리느냐에 따라 내 말이 틀릴 수도 있고 맞을 수도 있다. 그러나 내가 여기서 분명히 해두고자 했던 것은 친구 사이와는 달리 부자 사이엔 권위와 위엄의 요소가 먼저라는 점을 강조하기 위해서였다.

　친구 같은 사이라면 몰라도 친구 사이는 아니라고 한 내 말에 오해가 없었으면 좋겠다. 사실 우리 이웃에는 친구처럼 다정하게 지내면서 아이들이 훌륭히 성장해 가는 집도 많기 때문이다. 하지만 오해 말라. 그런 집에도 아버지의 위엄은 잘 보전되고 있다는 사실을 간과해선 안된다. 겉으론 부드러우면서도 안으로는 강한 부성이 살아있다는 사실을 흘려봐선 안된다. 외유내강이지 속까지 물러빠져 있지 않다는 사실을 잊지 말자는 뜻이다.

　부자 사이가 어떤 관계든, 싫든 좋든 혹은 적대 관계이든 그게 부자간인 이상 아버지의 권위, 아버지로서의 위엄이 살아 있어야 한다는 점이다. 이게 무너지는 날, 그건 이미 건전한 부자관계랄 수는 없다. 부자 사이란 뭐니해도 세상에서 가장 믿고 친한 사이다. 그러면서도 아버지의 권위가 살아있어야 한다는 게 숙제다.

　우리에게 아버지는 신과 같은 존재였다. 아버지가 계시는 사랑방 근처엔 아예 근접을 못했다. 근처만 가도 가슴이 두근거렸다. 곧 등뒤에서 불호령이 떨어질 것도 같다. 그런 기분은 아버지가 안계셔도 마찬가지였다. 사랑방은 마치 신전과도 같은 외경스러움으로 몸이 움츠러들곤 했다. 숨바꼭질을 할 적에도 사랑 근처를 가야 할 적엔 뒤축을 들고 살금살금 숨을 죽여야 했다. 술래는 따라오지, 마구 달릴 수는 없지, 그때의 조마조마했던 기억은 지금도 나에겐 무겁게 남아 있다.

　아버지는 멀리, 높이 계셔 신비스럽고 감히 가까이 할 수 없는 신적인 존재였던 것이다.

우리는 아버지 그림자도 밟지 않았다.

옛날의 아버지는 거의가 이러했다. 하지만 요즈음은 그야말로 시대가 달라졌다. 민주화가 되고 핵가족이 되면서 사랑방도 사라지고 아버지의 위엄도 많이 약화되었다. 청소년의 문제가 날로 심각해지고 있는 요즈음, 그 큰 원인의 하나가 바로 여기에 있다는 점은 모든 전문 학자가 공감을 하고 있다.

우리는 이 점을 신중히 생각하면서 보완책을 마련해야 한다.

우선 옛날 아버지처럼 권위 일변도가 아니라 하더라도 그 정신만은 명심해야 할 일이다. 사랑방이 없어졌다고 아이들이 아버지의 책상 위에서 뛰어놀게 해선 안된다.

권위가 서려면 신비스러운 구석이 있어야 한다. 벌가벗은 상태에서는 안된다. 권위가 서려면 뭐니해도 카리스마적 존재여야 한다. 서로의 약점이나 허물, 인간적 치부가 다 드러난 사이에는 권위가 서지 않는 법이다.

모든 인간관계가 그렇지만 부자간에도 있는 걸 모두 드러내 보여선 안된다. 자식에 대한 아버지의 정은 좀 인색해야 한다는 게 내 소신이다.

나는 가끔 우리 병원에서 가운을 입은 젊은 직원이 자기 아이를 안고 다니는 걸 보는데 저러고도 아이가 괜찮을까 하는 생각을 하게 된다. 이게 내 기우에 그쳤으면 싶다.

내 기준으로 보지 말라

그 골목엔 돌도 없더냐? 칼은 뒀다간 어디에 쓰려고 그러니?

출세도 성공도 나를 기준으로 보는 데서 아이들과 마찰이 생긴다. 내가 가진 자로 아이를 재선 안된다. 아이는 아이마다의 특성에 따라서 다르다. 어른인 부모와는 물론 다르다.

이 구별이 잘 안되는 모양이다. 소리만 해도 그렇다. 어른들은 조용한 걸 좋아하지만 아이들은 시끌시끌해야 좋다. 그만큼 동적이기 때문이다. 조용한 데 있으면 아이들은 오히려 불안해진다. 괜히 트집을 잡고 말썽을 부린다. 이것이 불안의 시작이다.

요즈음 아이들은 그만큼 소리에 관한 한 우리와는 그 반응이 아주 다르다. 아이들 모인 곳엘 가보라. 스피커가 째져라 하고 시끄럽다. 우리는 정신이 나갈 지경이지만 아이들은 그 속에서도 즐겁게 재잘거린다. 들리기나 하는지 모르겠다. 하긴 들리길래 저렇게 열심히들 대화를 주고 받겠지. 청각신경의 반응이 우리와는 구조적으로 다르다.

이 점을 이해하지 못하니까 라디오 켜놓고 공부하는 아이와 싸움이 벌어진다. 요즈음 아이들은 그래야 주의집중이 잘된다. 그만큼 현대사회가 시끄럽고 아이들은 생리적인 방어자세가 그런 쪽으로 잘 발달돼있다는 증거다. 시끄럽다고 짜증을 내기보다 그걸 오히려 즐기고 좋아할 수만 있다면 현명한 대응이다. 현대의 소음 공해가 만들어 낸 젊은이의 청각반응이다.

기호나 취미뿐 아니라 아주 생리적으로 다르다. 춥다고 스웨터 하나 더 입으라지만 그건 엄마의 기준이다. 아이들의 표면 체온은 어른보다 몇 도나 높다. 엄마의 기준으로 우기다간 겨울에 땀을 흘려 진짜 감기 환자로 만든다.

건강 염려증으로 학교도 휴학상태인 고교생이었다. 그는 타고난 건강체질의 아이였다. 그러나 엄마의 과잉이 결국 아이를 불구로 만들었다. 엄마는 자신이 허약체질이었다. 바람만 불면 감기요 비만 와도 설사였다. 그는 매사에 조심하지 않으면 안되었다.

그런 엄마이기에 아이의 건강에 신경이 안 쓰일 수 없었을 것이다. 이걸 입어라 …… 저건 먹지 마라 …… 그야말로 세심한 배려를 했다. 외아들, 그나마 조산으로 어렵게 얻은 아이다. 멀쩡하게 차려입고 학교 가는 아이를 붙잡곤

"아니 네 얼굴이 왜 이러니? 백지장 같다."

그리곤 학교 대신 병원으로 업고 간다.

이 아이는 학교 가서도 양호실 단골 손님이었다.

그의 두터운 진료 기록부에는 그러나 한 번도 중병을 앓은 전력이 없다. 이렇게 처음엔 건강했던 아이가 차츰 건강에 자신을 잃어갔다. 작은 변화에도 병이 아닌가 걱정이 되었다. 물론 엄마의 기준으로는 병이다. 그리고 이젠 그의 기준이 엄마보다 더 예민해졌다.

결석, 휴학, 이젠 거의 학교를 포기하지 않으면 안될 진짜 중병 환자가 돼버린 것이다. 가짜 환자가 진짜로 둔갑한 것이다. 엄

마의 건강 노이로제의 산물이었다.

이와는 반대 아이도 있다. 그는 끔찍하게도 살인죄로 소년원에 복역중이다. 이 아이의 문제는 아버지의 노이로제에서 비롯된다. 이 아버지는 어릴 적부터 동네 아이들의 놀림감이었다. 걸핏하면 얻어맞기도 했지만 힘으로 당할 수가 없었다. 놀림을 당하고 얻어터지고, 그의 어린시절은 울분으로 가득찼었다. 그는 어떤 일이 있더라도 제 자식만은 이런 설움을 겪게 해선 안된다고 생각했다. 당연한 일이다.

걸음마를 시작하면서 아들을 태권도장에 데려갔다. 절대로 얻어맞는 아이로 키우진 않겠다는 일념에서였다. 공부도 뒷전, 아이는 시키는 대로 열심히 운동했다. 하지만 워낙 소질이 없었던지 가끔 얻어맞고 들어오는 일이 있었다. 아들녀석도 억울했던지 얼마간 씩씩거렸지만 곧 아무일 없었던 것처럼 평상시로 돌아갔다. 싸우다 보면 맞을 때도 있다는 게 아들의 태평스런 대꾸였다. 아버지는 그런 태도가 불만이었다.

"이놈아, 너는 속도 없어? 얻어맞고 들어와서 어떻게 밥이 넘어가니? 억울하지도 않아? 맞긴 왜 맞아? 그 골목엔 돌도 없더냐? 칼은 뒀다가 어디다 쓰려고 그러냐?" 믿기지 않겠지만 이게 아버지가 중학생 아들을 불러 앉혀놓고 한 소리다. 듣고보니 아버지 말에도 일리가 있다. 다시 생각하니 억울한 것도 사실이다. 맞고 기분 좋은 놈 없다. 복수를 해야지. 그는 풀렸던 분노를 다시 끓여 올렸다.

이것이 결정타였다. 어떤 경우에도 맞아서는 안된다. 맞은 이상 보수를 해야 한다는 아버지의 그 비뚤어진 기준이 결국 아이를 소년원으로 몰아 넣은 것이다.

좋은 기준이든 나쁜 기준이든 어른의 기준을 아이에게 적용해선 안된다. 좋은 거라고 유치원 꼬마에게 아버지의 구두를 신게 할 수는 없는 일이 아닌가.

내 기준으로 아이를 봐서도 안되고 내 기준을 강요해서는 더욱 안된다. 아이는 아이마다의 자가 따로 있다. 아버지의 기준이 자칫 아이들 개성을 죽일 수도 있다.

강박적인 아버지와 예술성이 짙은 아이라면 그 관계가 쉽지 않다. 아버지는 시간에도 강박적이다. 정해진 시간에 자고 일어나야 한다고 우기지만 예술성이 있는 아이는 대체로 시간관념이 해이하다. 하는 일 없이 밤늦게 앉아 무언가 상념에 잠긴다. 아버지는 이 꼴을 눈뜨고 못본다. 야단이다.

이 차이를 잘 자각해야 한다. 아이와 내가 기질이 다르고 개성이 다르다는 걸 이해해야 한다. 예술가라고 시간을 제멋대로 해야 하는 건 아니지만 그래도 주말이나 방학 때라면 아이의 페이스에 맡겨야 한다. 가녀린 예술적 재질이 멍들지 않게 배려해야 한다. 아직은 싹도 트지 않아 그게 무엇인지는 모를 수도 있을 것이다. 다만 나와 틀리다고 야단치진 말자. 그런대로 인정하고 받아들여야 한다.

부자의 대결

사내아이들은 때로 아버지와 맞부딪쳐 보고 싶은 충동을 느낀다.

여자 아이도 그럴 때가 있긴 하지만 특히 사내 아이의 경우 아버지와 언젠가는 한 번 큰 고비에서 맞부딪쳐야 할 때가 있다. '하겠다' 와 '안된다' 와의 대결이다. 어떤 절충이나 타협점이 없는 극한의 대결이다. 마치 OK 목장의 결투처럼 사나이와 사나이의 대결장이 되는 고비다. 어쩌면 그게 처음이요 마지막일는지도 모른다. 언제 닥칠지는 모른다. 그러나 한 번은 반드시 온다.

'안된다' 는 아버지의 최후 판단이 분명히 선 이상 결론은 아주 분명하다. 절대로 물러서선 안된다. 물론 아이도 만만하진 않을 것이다. 온갖 협박도 할 것이다. 가출을 하겠다느니, 학교를 그만두겠다는 이야기도 나올 것이다. 하지만 뭐라 해도 안되는 것은 안된다고 해야 한다. 바위처럼 흔들리지 않고 버텨 서야 한다.

이 부자의 대결에서 성공한 아버지의 이야기부터 들어보자.

대학에 들어간 아들이 차를 사달라는 것이다. 학교를 가려면 세 번씩 차를 바꿔타야 하니 피곤해서 공부가 안된다는 것이다. 이럴 바에야 차라리 학교를 그만두는 편이 낫겠다는 게 아들의 협박이었다. 아내를 통해 이 말을 들은 아버지가 아들을 불렀다. 우선 아들의 애로점을 자세히 들었다. 그러고 난 후 차분히 자기가 하는 일이 무엇이며 집안의 수입, 지출을 상세히 설명했다. 세 번 바꿔 타야 하는 일이 얼마나 힘든 일인가는 아버지도 잘 알고 있었다. 그도 두 번을 갈아 타고 가기 때문이다. 그러나 자기는 30분 일찍 출근함으로써 차 타기가 한결 수월해졌다는 이야기도 했다.

여러가지 타협점을 찾았으나 실패였다. 결국 차를 사주느냐, 안되느냐 하는 원점으로 돌아왔다.

충분한 설명이 되고 이해도 되었음직 한데 아들은 막무가내였다. 그래도 사주셔야겠다는 강변이다. 그렇지 않으면 학교를 그만두는 편이 낫겠다는 최후 통첩이었다. 아버지로서는 참으로 어이없는 일이었다. 사정을 뻔히 알면서 이런 억지를 쓴다는 건 용납될 수 없는 일이다.

"차는 안돼! 그리고 학교는 계속해야 돼!"

아버지의 최후 통첩이었다. 아들녀석은 벌떡 일어나 제 방으로 갔다. 꽝 하며 문 닫는 소리가 요란했다. 벽에 머리를 부딪는 건지 쿵쿵 소리가 한참 들리더니 전축소리가 천장을 울렸다. 어미가 걱정이 되어 가보려는 걸 아버지가 말렸다.

"압력솥에 김빠지는 소리니까 그냥 놔두라구."

밤중까지 그러더니 잠잠해졌다. 이튿날 아이는 계면쩍은 얼굴로 아침을 먹고는 학교로 향했다.

나는 이 아버지를 존경한다. 그가 아들의 심리를 얼마나 잘 읽고 있었는지는 몰라도 이런 경우 아버지로서 해야 할 일을 완벽하게 잘했다고 생각한다. 아들의 애로점을 듣고 인정했다는 점도 훌륭했고, 자기 수입을 소상히 알려 주고 이해를 구했다는 점, 절충책을 찾으려고 대화를 했다는 점, 그리고 최후에 안된다는 판단이 선 순간 한 발짝도 물러서지 않았다는 점이다. 그리고 또 한 가지 칭찬할 점은, 차는 안되지만 학교는 가야 한다는 것을 강조했다는 점이다.

끝까지 이성을 잃지 않았다. 보통 아버지라면 "차없어 학교 못 가겠어? 까짓 때려 치워라" 홧김에 할 수 있는 이야기다. 하지만 이건 안된다. 녀석도 홧김에 '그래, 때려 치우자' 싶은 생각이 들 수 있기 때문이다. 끝까지 안될 것은 안되고 할 것은 해야 한다는 아버지의 결단이 흔들리지 않았다는 점이 높이 평가된다.

왜 세상 아버지가 그렇게 융통성없는 옹고집으로 돼야 하는지 의문이 가는 아버지도 있을 것이다. 하지만 거기엔 그래야 할 분명한 이유가 있기 때문이다.

사내 아이들은 때론 이렇게 강한 아버지와 맞부딪쳐 보고 싶은 충동이 일어난다는 사실을 이해해야 된다. 강력한 부성(父性)과의 대결을 희구하고 있는 것이다. 비록 무의식적이긴 하지만 이러한 욕구는 자기 능력을 시험하기 위한 몸부림이다. 자기 한계를, 또는 아버지의 한계를 시험해 보려는 의도 또한 분명히 잠재돼 있는 것이다.

이것은 또한 자신의 강한 남성으로서의 존재를 확인하는 작업으로서도 중요한 의미를 갖고 있다. 흔들리기 쉬운 자기 통제의 확인작업이기도 하다. 10대 후반의 아이들에겐 감당할 수 없는 성적 공격적 충동과 폭발할 것 같은 위기 속에 자신을 두려워하고 있다. 자칫 자기 통제를 잃을 것 같은 불안에 휩싸인다. 이 나이 때는 항상 나쁜 유혹에의 충동 때문에도 불안한 것이다.

이럴 때 요구되는 게 강력한 아버지다. 강한 아버지가 자기를 완전히 통제해 주길 바라는 것이다. 겉으로는 반항하지만 사실은 통제당하기를 바라고 있는 것이다. 다음 순간 무슨 짓을 하게 될지 모르는 충동에 떨고 있는 이들이 바라는 건 자기를 꼼짝 못하게 올가미에 얽어매 달라는 것이다. 비록 반항하고 고함치지만 '안된다'는 아버지의 강한 제재가 있을 때 후유 하고 안도의 숨을 내쉬는 게 이 나이의 심리적 특징이다.

자기 방에 들어가 얼마간의 혼자 벌이는 소란도 따지고 보면 터질 것 같은 충동이 발산되는 시간이다.

'압력밥솥에 김빠지는 소리'라고 한 그 아버지의 표현이 인상적이다. 아들이 조용히 학교에 간 까닭이 이해될 것이다. 그는 오히려 홀가분해진 것이다. 김이 빠지고 난 다음의 홀가분한 그런 기분이었을 것이다.

이런 심리적 특성을 이해 못하고 그의 협박에 못이겨 차를 사 주었더라면 어떻게 되었을까? 그는 아마 약한 아버지에 실망한 나머지 폭주족이 되어 차 사고라도 일으켰을지 모를 일이다.

어느 소년원생의 후회담을 들어 보자.

그가 흔들리기 시작한 건 고1 때부터였다. 배정된 학교가 마음에 들지 않았다. 공부에 흥미를 잃어 빈둥거리기 시작했다. 귀가 시간이 늦어지자 아버지의 감시, 엄마의 잔소리도 늘어났다.

그날도 늦게 들어오자 부모가 합세하여 야단을 쳤다. 어딜 갔었느냐, 무얼 했느냐, 왜 늦었느냐? 꼬치꼬치 따지는 통에 이윽고 녀석이 폭발했다. 그렇게 나를 믿지 못한다면 차라리 집을 나

가겠다고 나섰다. 엄마가 말렸다. 하지만 녀석은 막무가내였다. 더 이상 잡으면 창으로 뛰어내려 죽어버리겠다고 협박했다.

녀석의 험상궂은 폭발에 아버지는 아무소리 못하고 녀석이 뛰쳐나가는 걸 바라볼 수밖에 없었다.

여기가 고비였다. 그는 끝내 돌아오지 못했다. 마의 소굴로 빠져들어 제 정신이 든 다음에 보니 소년원의 차가운 창살 안에 갇혀 있었다.

"그때 아버지가 내 뺨이라도 때리며 말려 주었던들, 내 인생이 이렇게 되진 않았을 텐데……."

동감입니까?

아이를 믿어라

밖에서 떨고 있는 부모를 생각하면서 어찌 실력발휘가 되랴.

나이가 아무리 들어도 아버지에게 아들은 언제나 아이요 철부지다. 환갑 지난 아들에게 길조심하라고 걱정하는 게 늙은 아비의 심경이다.

아무래도 미덥지가 않다. 경험도 없는 애가 덤벙대다 실수나 하지 않을까? 겁도 많고 소심한 아이라 어디에 내놓아도 안심이 안된다.

이런 노파심이 아이를 과보호하는 원인이 된다. 그저 품안에 감싸고 돈다. 이것이 아이들의 독립심을 저해하는 가장 큰 원인이다.

　부모가 아이를 믿지 못하면 아이도 자신을 믿지 못한다. 부모가 불안한 빛을 보이면 아이도 덩달아 불안하다. 불안한 아이는 무슨 일이고 소신껏 해낼 수가 없다. 설령 할 수 있는 능력이 있다 해도 해볼 엄두를 못낸다. 불안하고 자신이 없기 때문이다. 한 번도 혼자서 해보질 않았기 때문이다.

　아이를 믿어야 한다. 그 나이에 걸맞는 정도의 능력을 믿어야 한다. '너를 믿는다' 는 확실한 부모의 소신이 아이에게 전달되어야 한다. 그것은 평소의 부모 태도에서 그리고 생활 전반에서 전달되어야 한다. 말로 해서 되는 게 아니다. 우선 아이를 믿고 일을 시켜야 한다.

　나의 아버지는 그 점에서 철저했다. 내가 초등학교 1학년 때부터 장작을 패게 했다. 형은 3학년이었다. 도끼를 마음대로 휘두를 나이도 아니었다. 결이 고운 놈은 그래도 쉬운데 꼬인 장작은 징을 박아가며 한나절 씨름해야 겨우 쪼갤 수 있었다. 우리 형제가 끙끙거리고 있는 동안에도 아버지는 편안한 자세로 마루에서 신문을 보고 계셨다. 거들기는커녕 우리쪽을 거들떠보는 일도 없었다.

　이 점이다. 지금 생각해도 아버지의 그 배짱은 놀랍다. 어린것들이 발이라도 찍으면 어쩌려고…… 생각만 해도 아슬아슬하다. 하지만 아버지는 일체 그런 내색이 없었다. 그건 당연히 너희들이 해야 하는 일이고 또 할 수 있다는 확신이 있었던 것 같다. 언 손을 불어가며 헉헉거리는 어린 것들이 애처로워서도 그냥 그러

고 버틸 수는 없었을 텐데 우리 아버지의 배짱은 실로 놀랍다. 요즈음 같으면 어린이 학대 죄로 고발을 당했을지도 모를 일이다. 하지만 당시의 우리는 그런 저런 생각을 못했다. 아침에 일어나면 세수하듯 그것은 당연히 우리가 해야 할 몫으로 알고 있었다. 아버지가 좀 도와 주셨으면 하는 그런 기적은 아예 생각조차도 해본 적이 없다.

우리 형제 모두가 혼자 힘으로 독학하고 온 세계로 흩어져 자기 길을 개척한 놀라운 독립심은 우리 집의 이런 분위기에서 비롯되었다고 확신한다. 누구도 거들어 주지 않는다. 거들어 줄 형편도 물론 아니었다. 제 갈길은 제가 알아서 가야 했다. 그리고 겁없이 잘들 했다.

요즈음 운동장에 가면 아이보다 부모가 더 열성이다. 백 번 양보해서 응원하는 것쯤 봐준다 치자. 아예 운동장에 뛰어나와 심판에게 항의하는 부모도 있다. 세상에 이런 얼간이들이 왜 자식을 낳았는지 하늘이 원망스럽다.

심판이 잘못했다 치자. 그래도 따져야 할 사람이 따로 있다. 시합에는 주장이 있고, 감독이 있다. 아무리 분통이 터지고 억울해도 여기는 부모가 나설 자리가 아니다. 이것도 교육이다. 혀를 깨물고라도 아이 앞에 심판 잘못을 운운해서는 안된다. 억울해도 공식 심판의 판정에는 승복할 줄 아는 아이로 길러야 한다.

유치원 소풍에 엄마도 재미삼아 따라 가는 것쯤이야 봐주자. 하지만 초등학생 소풍에 엄마가 더 열성이라면 이 집은 문제다. 초등학교 운동회에서 본 일이다. 아이들 시합하는 사이를 비집고 들어가 제 아이 사진 찍느라 정신이 없는 엄마가 한 둘이 아니었다. 아이들이 엄마들에 걸려 배운 대로 운동을 할 수가 없다. 열이 틀리고 박자가 안맞아 아이들이 당황해 어쩔 줄 모르는데 이 잘난 엄마들은 아랑곳하지 않는다. 저러고도 제자식 잘되길 바라겠지. 한심하기 짝이 없다.

대학 입시에 따라가는 부모도 이게 정성인지 극성인지 나로선 분간이 안된다. 데려다 주는 것까진 좋다. 하지만 데려다 준 이상 돌아와야 하는데 그게 아니다. 부모들이 진을 치고 대학문을 가로막고 있으니 정작 수험생들은 길이 막혀 지각 사태를 빚기도 한다. 내 자식은 시간에 맞춰 들어갔으니 안심인 모양이다. 교문에 엿을 붙이고 절을 한다. 굿판이라도 안벌리는 게 다행이다. 해마다 입시날은 춥긴 또 왜 그리 추운지. 그리고 온종일 벌벌 떨며 기다리고 섰다.

그게 애를 위하는 길인 줄 알지만 천만에다. 밖에서 떨고 기다릴 부모를 생각하면 애처로워서도 소신껏 시험을 치를 수가 없다. 불안해서 주의 집중이 안된다. 이건 방해다. 유치원 시험도 아닌데 이게 웬일이냐. '잘 보고 와!' 자신있게 어깨를 한 번 두드리는 것으로 족하다. 그 이상 아무 말이 필요없다. 부모가 나를 믿고 있구나 하는 그 자신감이 입시불안에 쫓기는 아이에겐 좋은 정신치료제가 된다. 부모의 확신에 넘치는 태도가 아이를 안심시킬 수 있기 때문이다.

아무렴, 내가 따라가야지 아이가 안심하고 잘 치를 수 있을 게 아닌가. 아이는 그 고생하는데 나만 어떻게 편히 집에서 지낼 수 있나. 혹시 안 따라가면 아이가 섭섭하게 생각할는지 모른다. 관심이 없는 걸로 오해라도 하면 어쩌나?

걱정도 팔자다. 그래서 온종일 밖에서 죽치고 기다려야 한다면 바로 여기에 이 집의 문제가 있다. 평소에 당신이 아이들에게 어떻게 했길래 이런 걱정을 하게 되느냐 말이다. 아이를 못 믿고 있다는 증거다. 하긴 꼭 합격할 것이라고 믿기야 힘들지. 내가 하고 싶은 말은 최선을 다 할 것이라는 믿음이다. 평소 공부한 만큼의 실력을 유감없이 발휘하고 그리곤 판정을 기다리는 당당한 자세를 말함이다. 그 점을 믿지 못하니까 아이보다 부모가 더 불안하고 덩달아 아이까지 불안하게 만든다.

내가 고등학교 시험치러 가는 날이었다. 우리 집은 여느 날처럼 그저그랬다. 찰밥도 없고 엿도 없었다. 솔직히 내가 그날 아침 시험보러 가는 걸 누가 알기나 했는지 지금도 의문이다. 합격자 발표도 마찬가지였다. 당시 경북고등 입학은 경북 일원에서는 요즈음 서울대학만큼이나 힘들었다. 그런 학교였다. '야! 됐다' 그러나 내 주위엔 이 기쁨을 함께 해줄 사람은 아무도 없었다. 나는 신이 나 집으로 달려왔다. 대문을 박차고 뒤안으로 돌아가니 아버지가 신문을 보고 계셨다.

"아버지, 됐습니다. 경고에 합격했습니다."

흥분한 나는 허겁지겁이었다.

아버지는 보던 신문을 그대로 펼쳐든 채 옆눈으로 나를 내려다 봤다. 순간 난 뭐가 잘못 됐구나 하는 생각이 스쳐갔다.

"야, 이놈아. 그러면 거길 떨어질라 캤더냐?"

아버지는 참으로 어이가 없다는 그런 표정이었다. 당연히 될 걸 갖고 뭘 그리 부산을 떠느냐는 그런 어이없는 표정이었다.

어이없다니? 진짜 어이가 없는 건 내 쪽이다. 세상에 이럴 수가 있어? 난 크게 실망했다. 기뻐해 주긴커녕 무안을 당했으니 창피하기도 했다. 이거야 정말 어이없는 일이 아니고 뭔가.

난 지금도 아버지의 그때 그 어이없어 하는 표정이 눈에 선하다. 잠시 서운하긴 했지만, 그러나 그것이 나를 이만큼이나 강하게 키운 요인이라고 나는 믿고 있다.

나는 요즈음도 별스럽지도 않은 일을 해놓고도 괜히 우쭐대기를 좋아 한다. 뽐내길 좋아하고 때론 기고만장이다. 남들이 보면 꼴사나울 때도 있을 것이다. 빈정거리기도 할 것이다. 그래도 이건 내 타고난 기질인지 고쳐지지 않는다. 그래도 이만큼의 겸손이라도 차릴 줄 알게 된 것은 아버지의 힘이었다. 그 힘은 아버지가 나를 믿는 데서 비롯된다.

효부 효모

쓰고 남으면 사회에 환원하지 자식에게 물려줄 생각은 않는다.

사람의 평생은 인연의 연속이다. 이웃이라는 인연, 동창생이라는 인연, 크게는 나라, 우리 집 그리고 내가 쓰는 연필 한 자루와도 인연을 맺고 살아간다. 행운을 가져다 준 인연도 있고, 끔찍한 불행을 안겨 준 악연도 있다. 부부라는 인연도 잘못 맺어지면 불행해진다. 하지만 다행한 것은 이 모든 악연들은 우리 의지로 끊을 수 있다는 게 위안이다. 한데 딱 한 가지 그렇게 안되는 인연이 있다. 혈연관계다. 피로 맺어진 혈연, 이건 끊을 수가 없다. 세상에 원수덩이 자식이라도 자식인 이상 친자(親子)관계를 끊을 순 없다. 못나도 어버이, 못생겨도 자식이다.

우리나라에선 특히 이 혈연관계를 무엇보다 중시하기 때문에 가족이라는 응집력은 그 유례를 찾아보기 힘들다. 참으로 다행이다. 하지만 그 역기능, 부작용도 크다. 우리 집, 우리 가족만을 중히 여기기 때문에 이웃이야 어찌 되었건, 나라 꼴이야 어찌 되었건 상관 않는다. 사재기 소동, 부동산 투기도 사실은 모두 이 철저한 가족중심의 이기주의에서 비롯된다.

반사회적인 성격도 띨 수 있는 게 가족이라는 집단의 맹점이다. 서구 사람은 이 점에서 다르다. 쓰고 남으면 사회에 환원하지 자식에게 물려줄 생각을 않는다. 돼먹지 않을 자식을 위해 쓰느니 똑똑한 이웃 아이를 도와주겠다는 게 이들의 사고방식이다.

우리는 죽어도 자식이다. 못났건 잘났건 자식인 이상 우리는 어떤 희생을 치르고서도 그를 위해 전력투구한다.

공부는커녕 어릴 적부터 싸우고 훔치고, 정학·퇴학 그리고 또 다른 학교로 전학, 편입, 부정 입학…… 경찰에도 여러 번 불려 다녔다. 훔친 물건 배상해 주고 싸움질한 뒤치다꺼리, 술집 외상값…… 끝내는 도박, 여자, 마약…… 이젠 돌이킬 수 없는 수렁으로 빠져들었다. 그래도 부모는 포기하지 않는다. 어떻게든 인간 만들어 보려고 모든 잘못을 용서하고 덮어두기만 했다. 하지만 그럴수록 아이는 점점 깊은 수렁으로 빠져들었다.

이 아이는 진작 정신병원으로 갔어야 했다. 아니면 일찍부터 보호감찰을 받아야 옳았다. 부모의 정으로 해결될 문제가 아니었다. 전문가의 도움이 필요했던 아이였다. 하지만 자식이라는 이름 하나 때문에 부모는 모든 희생을 감수하고 녀석의 회복을 위해 전심전력을 기울였다. 하지만 결과는 비참했다. 살림도 바닥났다. 그는 지금 살인죄로 정신요양 감호소에 수감되어 있다.

인연이라면 악연이었다. 하지만 자식이라는 이름 때문에 핏줄을 끊을 수 없었던 것이다. 그래도 끊어야 했었다. 눈물을 머금고 끊어야 했었다. 끊지 못했기에 그로 하여금 더욱 깊은 수렁으로 빠져들게 한 것이다.

핏줄의 인연이라 아주 끊기 어렵다면 정신적 거리는 둘 수 있어야 한다. 그가 저지른 소행에 대한 책임도 그가 스스로 졌어야 옳았다. 그래야 그에게도 책임의식이 생겼을 것이다. 삽으로 막을 걸 가래로도 못 막게 된 것이다.

자식이라는 이름 하나로 모든 게 수용되고 용서된다면 그 아이에겐 책임의식이 싹틀 수 없다.

책임의식이 없으니 사회적 판단기준이 건전할 수가 없다. 모든 걸 부모에게 의존하는 수동적이고 나약한 아이로밖에 되지 못한다.

한국 가정은 자식을 제왕 모시듯 한다. 오죽하면 '효부'(孝父) '효모'(孝母)라는 말이 나왔을까? 아이들은 손 하나 까딱하지 않아도 된다. 개망나니로 굴어도 자식이라는 이유 하나로 그저 귀엽기만 하다.

서구 가정에선 어림없는 일이다. 모든 가족에겐 각자가 맡은 일이 있다. 아이들에게도 나이에 맞게 모든 책임부담이 있다. 우체통을 점검하는 일, 배달된 우유와 신문을 챙기는 일, 휴일엔 차를 닦는 일, 설거지를 돕는 일 등 각자가 맡은 책임이 있다. 이것은 가족 구성원의 한 사람으로서 지켜야 할 약속이다. 누구든 맡은 이상 군소리가 없다.

이건 가족으로서의 기본적인 약속이요 책임이다. 혈연관계에 계약관계를 접목시킨 셈이다.

핏줄을 나눈 사이라고 모든 게 용서되고 포용되어선 안된다. 혈연관계에도 책임이 있고 역할이 있다. 우리는 서로가 어버이로서, 자식으로서 인정하면서 또 한편 그 사이에 이루어진 약속, 책임을 다하는 강한 의지의 힘이 필요하다. 이러한 자각이 있을 때 비로소 건전한 가족이 될 수 있는 것이다.

혈연보다 계약관계를 중시하는 서구가정이 꼭 건전한 것은 아니다. 하지만 자식이라는 이름 하나로 어떤 책임도 물어선 안된 다면 우리의 가정도 건전한 것은 아니다.

자격 없으면 낳지를 말아야지
핵가족의 역기능을 교정, 보상하는 데 강한 부성은 절대적이다.

핵가족에 대한 논란이 많다. 기동성이 있고 효율적이며 자유로워 좋긴 하지만 그런 만큼 역기능이나 부작용 또한 많은 것도 사실이다.

그렇다고 옛날처럼 대가족 제도로 환원되어야 한다는 논리 또한 설득력이 없다. 옛날식이 좋았다는 사람도 많다. 당장의 피해자인 노인층은 특히 그럴 것이다. 교육자나 논평을 쓰는 사람도 대체로 대가족제의 찬양론 일색이다. 하지만 그리 안이하게 생각할 문제는 아니다.

문제는 그리 간단한 것도, 단순한 것도 아니다. 하긴 옛날 집은 좋았다. 노부모는 물론이고 남자들은 집에 온 이상 손 하나 까딱 안해도 좋았다. 차려주는 밥이나 먹고 누워 뒹굴기만 하면 되었다. 아이들도 하나같이 응석받이다.

옛날 집은 모두에게 포근한 휴식의 장이었다. 옛날에의 향수가 날 만도 하다. 하지만 한 사람만은 여기서 예외다. 그 집 며느리다. 그에겐 평화도 휴식도 없는 강행군의 연속이다. 밤낮이 따로 없다.

옛날 집이 평화와 휴식의 장이 될 수 있었던 것은 가련한 며느리의 눈물과 인내의 바탕 위에 가능했던 것이다. 그 평온 뒤에는 한 마리 불쌍한 양의 눈물겨운 희생이 뒤따라야 했던 것이다. 눈물과 인내가 나쁜 건 아니다. 인생에선 어쩔 수 없이 필요한 것이다. 그러나 이게 한 사람에게로 몰려선 안된다. 그걸 토대로 다른 사람들이 휴식을 즐긴다는 건 그 자체가 하나의 도덕적 범죄행위다.

함부로 옛날 식이 좋다는 말을 해선 안된다. 그렇다고 핵가족이 이상적인 것 또한 아니다. 그렇다면 해결책은?

산업사회가 진전되면 핵가족 추세는 필연적이다. 현대인이 안고 있는 이 엄청난 숙제가 그리 쉬 풀리진 않을 것이다. 하지만 방관만 하고 있을 수도 없는 현실이다.

보상할 수 있는 방법을 찾아야 한다. 난 그 방법의 하나로 강한 부성에의 회귀를 강조해 왔다. 핵가족의 역기능을 교정, 보상하는 데는 강한 부성이 절대적이다. 아버지가 강하게 버티고 있어야 하는데 현실은 그렇지가 않다.

시대가 그래서일까? 요즈음 젊은 부부가 사는 핵가족 아파트에는 부성원리의 강한 바람은 어느 구석에고 불고 있지 않다. 엄마 같은 아버지…… 한 집에 엄마만 둘이다.

우리 나라 젊은 아버지는 그들 엄마의 극성스런 과잉보호 속에 자라온 탓인지 강한 아버지역을 해낼 능력이 없다. 이것이 우리 현대 가정의 크나큰 취약점이다.

핵가족이 될수록 아버지가 강해야 한다. 흔들리지 말아야 한다. 바위처럼 버티고 서 있어야 한다.

　대가족하에선 한 사람이 시원찮으면 다른 사람이 그 기능이나 역할을 대신할 수도 있다. 아버지가 시원찮아도 할아버지가 계시고 삼촌이 있다. 완벽할 수야 없겠지만 그런대로 아이들 교육에는 큰 지장은 없었다. 말하자면 대리역이 있었다. 하지만 핵가족은 오직 한 사람 아버지뿐이다. 이 사람이 흔들리면 가정 전체가 흔들린다. 무너질 수도 있다.

　……크리스마스 이브, 귀향 기분에 들뜬 승객들이 마지막 버스에 올랐다. 모두들 즐거운 표정이었다. 그러나 버스가 시골길로 접어들면서 심한 눈보라가 치기 시작했다. 앞이 보이지 않는 칠흑같은 밤을 버스는 사정없이 달렸다. 승객들은 조마조마했다. 설레임은 차츰 두려움으로 변해가고 있었다. 속도를 줄여 줬으면 싶었지만 누구 하나 입을 여는 사람은 없었다. 버스는 겁없이 달리고 있었다. 산길 커브를 돌 적엔 정말이지 간담이 서늘했다.

　한데 이상한 일이었다. 버스 안에 오직 한 사람, 한 소년만이 즐거운 노래를 흥얼거리면서 뛰어놀고 있었다. 겁도 모를 정도의 나이는 이미 지나, 열 살은 넘어보이는 아이였다. 승객들의 겁먹은 표정과는 달리 아이는 오로지 즐겁기만 한 표정이었다. 전혀 겁먹은 기색이 아니었다. 승객들은 그게 참으로 이상했던 것이다.

　버스는 계속 무서운 속도로 질주, 이윽고 종착역에 무사히 닿았다. 사람들은 모두 휴우 — 하고 안도의 숨을 쉬었다. 그리곤 그 소년에게 너는 버스가 그렇게 눈길을 달리는데도 겁이 나지 않더냐고 물었다. 소년은 고개를 저었다. 오히려 왜 그런 말을 묻는지 의아스런 표정이었다.

승객은 또 물었다.

"사고가 나면 어쩌려고, 너는 겁도 안나든?"

"사고요?"

그제야 소년은 승객이 묻는 뜻을 알아차린 모양이었다.

"사고 안나요. 운전수가 우리 아버지인걸요."

이것이 바로 아버지를 믿는 힘이요, 아이를 밀고 가는 힘이다.

당신은 그런 아버지가 될 자신이 있습니까?

나이가 찼다고 결혼할 일이 아니다. 그리고 결혼했다고 아이를 낳을 일도 아니다. 내게 진정 아버지될 능력이 있는가고 물어보자.

막중한 책임을 져야 한다는 사실을 다시 한 번 확인할 필요가 있다.

이 점에서 서구 사람들은 아주 분명하다. 부모로서 자신이 없으면 아이를 낳지 않는다. 경제적으로 시간적으로 그리고 정신적으로 스스로를 면밀히 검토한 후에 아이를 갖는다. 결혼하고도 아이 없는 가정이 많은 까닭은 잘 키울 자신이 없으면 안 낳기 때문이다.

스스로 아버지로서의 자격을 물어봐야 한다. 이 집엔 나밖엔 달리 대신해 줄 사람이 없다는 사실을 확인하고 아버지로서의 교육 능력이 있을건가를 정확히 물어야 한다.

누구를 위한 3수냐?

일류대에 합격만 해라, 그땐 나도 큰소리 한 번 할 것이다.

공부를 할 바엔 1등을 하고 대학엘 갈 바엔 일류라야 한다. 그럴 수 있는 능력이 있어 무리없이 될 수만 있다면 더 이상 좋은 일이 없다. 불행히 그러한 수퍼 천재는 만에 하나다. 대개의 경우 혼신의 힘을 다해 긴 세월 참고 노력해야 겨우 통과할 수 있는 게 대학의 좁은 문이다. 그나마 명문대학은 더욱 좁다. 거기까지 가려면 뭐니해도 아이가 잘 달려 줘야 한다. 그리고 부모의 후원도 뒷받침돼야 한다. 그 마음씀이 보통이 아니다. 안스럽기도 하고 측은하기도 하다. 하지만 잠시도 쉬어선 안된다. 달리는 말에도 채찍질하고 싶은 게 부모의 마음이다. 참으로 잔인할 정도다. 혹사도 이에 더할 수 없다. 직장에서라면 과다노동으로 고발조치라도 당했을 것이다.

왜 그렇게까지 해야 하나? 이게 진정 아이를 위한 일인가? 우리는 가슴에 손을 얹고 깊이 생각해 보아야 한다.

물론 아이를 위해서다. 공부해서 남주나, 저 잘되라고 하는 거지.

어느 부모나 쉽게 외쳐대는 소리다. 그러나 이것만이 전부가 아니라는데 문제가 있다.

여기엔 부모의 허영이 작용하고 있다는 사실도 외면해선 안된다. 1등을 해야 하고 일류 대학에 가야 하는 게 꼭 아이의 장래만을 위해서 하는 소리는 아니다. 부모의 체면 때문이다. 낙방을 먹으면 마치 부모 인생 전체가 낙방이라도 먹은 듯 확대 해석한다. 창피해서 고개를 들고 다닐 수 없다.

아주 노골적으로 떨어진 아이 앞에 그런 소리를 하는 부모도 있다. 부모 기분 좋으라고, 부모의 체면 때문에, 허영 때문에 그렇게 아이를 혹사해도 된다는 소리인가.

쉽게 편하게 키우라는 소리가 아니다. 그런 재목이 아닌데도 그렇게 우겨대고 있으니 딱해서 하는 소리다.

한이 맺힌 부모도 있을 것이다. 내가 못한 걸 네가 해야 한다. 대신 복수라도 해달라는 심정으로 아이를 다그친다. 엄마는 동서 꼴보기 싫어서라도 다그쳐야 한다. 남편과 사이 나쁜 아내는 남편 복수를 위해서라도 아이 공부를 잘 시켜야 한다.

일류대에 합격만 해라. 그땐 나도 큰소리 한 번 칠 것이다. 나라고 이렇게 눌려 살 순 없다.

실제로 아이가 합격한 날 부부싸움이 터지기도 한다. 이제 나도 할말 하고 살아야겠다는 엄마의 선언때문에 빚어진 싸움이다.

명문 대학에의 집념 뒤에 부모의 이런 서릿발이 서려 있다면 이게 과연 누구를 위한 일인가.

아이가 좋은 대학에 들어가 출세를 한다면 부모의 노후 보장용으로 든든하지 않겠느냐. 이런 정도라면 그래도 이해가 간다. 하지만 그 집념이 무서운 병적 동기에서라면 결국 아이가 희생의 제물이 될 수도 있다는 사실을 명심해야 한다.

이런 부모일수록 아이를 옳게 평가하지 못한다. 허영에 눈이 어둡거나 한이 맺혀, 복수를 해야겠다는 핏발이 선 눈에는 아이가 옳게 보이지 않는다. 능력도 없는 아이를 밀어 붙이니 옳게 갈 수가 없다.

후기대학이라도 붙었으면 그냥 둬야지 애를 부추겨 재수, 3수까지 밀어붙인다. 대학 공부하랴 재수 공부하랴, 그러잖아도 부담이 많은 아이가 정신이 없다.

재수까지는 좋다. 재수는 필수란 말도 있다. 하지만 3수는 안 된다. 좀 낮춰 간다면 몰라도 같은 대학에 3수를 한다는 건 나로서는 찬성할 수 없다.

그런 아이는 들어가서가 문제기 때문이다. 대학은 80% 정도의 실력으로 들어가야 한다. 그래야 여유가 생긴다. 대학은 폭 넓은 교제, 인생·수업·낭만·독서·교양·탐구생활 등 학과 이외에 해야 할 일이 너무도 많다. 그냥 공부만 하는 대학이라면 그건 대학 생활이 아니다. 3수를 했다면 100%, 아니 120%의 노력으로 들어간 아이다. 그런 머리로써는 공부만도 따라가기 바쁘다. 그나마 졸업이라도 하면 다행이다.

이런 아이일수록 원하는 학과에 들어가기가 쉽지 않다. 명문대라는 간판이 목표이기 때문이다. 붙고보자는 집념이 결국 아이의 능력이나 이상, 인생관과는 아무 상관없는 엉뚱한 학과를 선택하게 만든다.

겨우 합격은 했으나 막상 들어와 입학의 흥분이 가라앉으면 이젠 전공에 회의가 들기 시작한다. 공부에 취미가 없어진다. 거기다 뛰어난 재능이 있는 것도 아니고 보면 이 아이가 대학을 무사히 마치기란 하늘의 별 따기다. 우선 건강에서도 못 따라간다. 120%의 노력을 해야 따라갈 수 있는 아이라면 그렇게 하는 데는 한계가 있다. 결국 쓰러진다.

강한 집념까지는 좋다. 그러나 건강을 헤쳐가면서라도 해야겠다는 건 병적 집착이지 건전한 집념은 아니다. 애가 이 지경이면 부모는 큰 죄를 짓고 있는 것이다. 그 벌을 어찌할 건가.

아이는 타고난 페이스에 맞춰야 한다. 급히 서둘러서 될 일도 아니요 욕심을 낸다고 될 일도 아니다. 아이의 능력에 맞게 키워야 한다. 부모의 허영이, 한이 아이를 희생의 제물로 만들어내선 안된다.

인색할수록 좋다

아이들한테는 인색해야 한다. 상대적 헝그리상태로 만들어야 한다.

가난은 자랑도 아니요 명예스러운 것도 아니다. 그렇다고 가난이란 게 그리 몹쓸 것이냐 하면 꼭 그렇지만도 않다.

가난한 부모는 자식들 보기 미안하다. 몹쓸 짓이나 하듯 죄송해 한다. 고생시키는 게 안스러워 가슴이 찢어지듯 한다. 한데 막상 아이들 입장에선 전혀 그렇지가 않다는 사실이다. 없으면 없는가보다고 생각한다. 돈 잘 쓰고, 잘 입고 다니는 부잣집 아이들이 부러울 때도 있다. 하지만 그건 잠시뿐, 그 아이들은 별천지 사람처럼 그렇게 여겨진다. 노트 한 권, 연필 한 자루 새것으로

써보지 못했지만, 그저 그러려니 했다. 당연한 것처럼 여겼다. 가난이란 게 때론 불편할 때도 있었지만 그렇다고 그게 힘들다거나 고생한다거나 하는 생각은 들지 않았다. 사실이지 젊은 시절엔 고생한다는 개념은 없다. 젊음은 그만큼 힘이 있기 때문이다. 고생이란 것도 늙어서야 하는 소리다.

이 점 부모와 아이들은 아주 생각이 다르다. 아이들은 부모가 느끼는 것만큼 가난이란 걸 그리 아프게 받아들이진 않는다. 우리 집은 원래 그런 걸로, 당연한 걸로 여기는 게 아이다.

그러니까 없이 키운다고 너무 가슴 아프게 생각 말라. 아버지가 미안해하고 마치 아이들 앞에 죄나 지은 듯 비굴해지면 그때는 아이들도 가난의 설움을 알게 된다. 눈치나 보고 어디 가면 기가 죽는다.

가난할수록 당당히 키워야 한다. 가난해도 비굴하지 않게 당당히 키우려면 당신부터 그 가난의 비굴에서 벗어나야 한다. 아이들 앞에도 당당해야 한다. 아버지로서 최선을 다한 것이니까 모든 가족은 그 앞에 승복해야 한다. 그럴 수 있을 때 아이들은 가난해도 떳떳이 자신을 갖고 살아갈 수 있다.

가난이 인간을 만든다는 사실을 한 번 더 확인해 둘 필요가 있다. 좀 모자라야 작은 정이라도 듬뿍 애정이 전달되는 것이다. 신발 한 켤레를 사줘도 아이들은 밤잠을 설친다. 오죽하면 신고 잤을까. 상큼한 새 신발냄새가 이불 속에 가득할 때 아버지의 훈훈한 애정이 온몸을 축축히 적셔 주곤 했다.

새 신을 신고 골목에 나서는 날, 하늘을 날듯이 기고만장했다.

자부와 긍지를 느꼈다. 내가 그만큼 열심히 공부하고 착한 아이였기에 받은 선물이다. 그 이상 귀하고 값진 선물은 없을 것이다. 자갈밭이나 가시밭을 가야할 적엔 우린 신발을 벗어 들었다. 발은 터져도 신발이 터지면 안되기 때문이다. 비가 오면 신발을 벗어 가슴에 품고 뛰었다. 엄마의 젖가슴처럼 포근한 정이 가슴 가득했다.

잘 사는 집 아이는 이게 안된다. 신발 아니라 자전거를 사줘도 시큰둥이다. 무얼 해줘도 고마운 줄 모른다. 애정? 있는 게 당연한데 거기다 하나 더 사준다고 별다른 감동이 있을 리 없다. 이게 부잣집의 고민이다. 애정 전달이 안된다. 문제아 상담에 애정 결핍이란 소리를 자주 듣게 되는 것도 바로 이 때문이다.

부잣집 부모라고 왜 애정이 없을 것인가. 있어도 더 있을 것이다. 능력도 많을 테니 애정이라고 적을 리 없다. 그러나 이게 있어도 전달이 잘 안되는 게 문제다. 비스킷 한 조각에 환성을 지르는 없는 집 아이들과는 너무도 대조적이다.

그렇다고 누가 가난을 좋아하랴. 행복한 부자도 별로 없지만 부자 되기 싫은 가난뱅이도 없는 게 현실이다. 그래서, 불행히 당신이 부자라면 이 문제를 현명하게 대처하지 않으면 안된다. 어떤 형태로든 부모의 정이 아이들에게 전달되도록 해야 한다. 그러기 위해선 평소에 있다고 다 줘선 안된다.

아이들한테는 인색해야 한다. 상대적인 헝그리 상태로 만들어야 한다. 겨울에도 옷을 얇게 입혀라. 셔츠 한 장으로 뛰놀게 해라. 식사부터 의류, 신발에 이르기까지 검소해야 한다.

용돈을 적게 준다, 단 것을 안준다, 만화를 제한한다, 대학까지는 시계를 안사준다, 차를 안태운다…….

좀 어려운 주문인가요? 몇 가지 예를 들었을 뿐이다. 꼭 그대로 하라는 말이 아니다. 그러나 당신 생각에 그게 현실에 맞지 않는 어려운 주문이라고 생각될수록 아이들 인간됨에 문제가 많을 가능성이 있음을 예의 주시해야 한다.

당신 가슴 속에 깊은 자정(자식에 대한 정)을 아이들이 얼마나 진지하게 느끼고 있는지 점검해 볼 필요가 있다.

있다고 다 주는 게 교육이 아니다.

아이들한테는 인색해야 한다.

아비 어려워하는 자식

우리 사회병리중 가장 심각한 문제가 나만 아는 병적 개인주의이다.

요즈음은 방도 아랫목, 윗목 없이 골고루 따뜻해서 어른 아이 구별없이 아무데나 앉아도 된다. 이젠 아랫목 차지란 말도 사라진 지 오래다. 따라서 어른 앉는 자리가 따로 정해져 있지 않아도 될 만큼 방도 민주화가 된 셈이다.

우리 어릴 적 생각을 하면 참으로 격세지감이 든다. 우리는 3대에 걸쳐 15인 가족이 방 두 칸에 살아야 했으니 따뜻한 아랫목에서 차츰 추워지는 윗목까지 자로 잰 듯 각자의 위치가 정해져 있다. 언제나 윗목 차지인 나로서는 방에 누가 없어도 선뜻 아랫

목에 가서 앉게 되진 않는다. 거기엔 서열에 따라 보이지 않는 선이 그어져 있기 때문이다.

이런 어릴 적부터의 훈련 덕분에 난 지금도 어느 자리에서든 위계질서를 지켜야 한다는 생각이 아주 몸에 배어있다. 모임엘 가도 어느 쪽이 상좌인지를 살펴야 하고, 내가 어디쯤 앉아야 하는지를 나름대로 가늠해서 앉아야 한다. 모임의 성격을 잘 몰라서 잘못 앉았다 싶은 생각이 들면 영 좌불안석이다. 꼭 남의 자리에 앉아 있는 듯한 느낌 때문이다.

이러한 서열 의식은 한국사람이면 누구나 몸에 젖어 있지만 요즘 젊은이들 사이엔 거의 찾아볼 수 없게 되었다.

선착순으로 앉는 경우도 있고, 자기 앉고 싶은 대로 그저 편한 대로 앉기도 한다. 좌석 배치의 민주화가 잘 된 셈이다.

난 이게 꼭 나쁘단 생각은 하지 않는다. 편리하고 기능적일 수도 있다. 다만 내가 걱정인 것은 서열 형식을 무시함으로써 직장 상사나 선배에 대해 결례를 범할 수도 있다는 점이다. 서열을 지켜 예우를 갖추는 작은 배려가 선배들로부터 귀여움을 받고 인정을 받을 수 있는 계기가 될 수도 있다는 점을 상기시키고 싶은 것이다. 사람이 능력을 인정받는다는 건 이런 하찮은 일들이 쌓여 감으로써 되는 것이다. 작은 일이지만 결코 작은 일일 수 없다.

위계질서에 대한 훈련은 아침저녁 밥상머리에서도 철저했었다. 할아버지, 아버지의 밥상은 따로 차려 드렸지만 한겨울엔 그럴 여유가 없었던 게 우리 집 형편이었다.

아버지도 함께 한 상에 둘러앉게 되지만 밥상에는 엄연한 구별이 있다. 좀 나은 반찬은 아버지 앞에 놓인다. 물론 우리것과의 사이에 줄이 그어진 것도 아니요, 눈에 보이는 경계라곤 없다. 접시가 별난 것도 아니다. 그러나 우리는 그걸 용케 구별했었다. 절대로 아버지 반찬에 손이 가는 법이 없었다. 누가 시킨 것도 아니다. 우리 스스로가 터득한 경험이요, 분위기로 아는 것이다. 철없는 동생들까지 어쩌면 그렇게 분명히 구별하는지 참으로 신기한 일이었다.

요즈음 젊은 엄마들 생각으로는 잘 납득이 가지 않을 것이다. 남편보다 아이들 먹는 걸 더 걱정하는 효모(孝母)들 생각에는 잔인하고 비인도적인 처사라고 항의할 수도 있을 것이다. 한데도 그때의 우리들에겐 그게 전혀 이상한 일이 아니었다. 왜 아버지만 좋은 반찬을 드셔야 하는지조차 생각해 본 적이 없다. 그건 지극히 당연한 일이었다. 하늘 같은 아버지신데 그건 너무도 당연한 일이었다. 돈을 벌어오는 가장이라 그런 것도 아니다. 그래서 잘 자셔야 한다면 실업자 아버지는 아무렇게나 대접해도 된다는 이야기가 된다.

　아버지가 아이들보다 잘 자셔야 하는 건 아버지기 때문이다. 다른 어떤 이유도 없다. 그냥 아버지이기 때문이다. 그뿐이다. 그렇게 알고 자란 아이들이 아비를 어려워하고 공경할 줄 안다. 그래야 사회에 나가서도 양반집 아이라고 존경받고 신뢰를 받는다. 윗사람을 존중하고 어른을 존경할 줄 아는 사람은 어딜 가나 인정을 받는다. 그런 사람치고 나쁜 사람 없다. 그런 사람치고 교만하거나 자기만 아는 소아병적인 이기주의자는 없다.

　'요즈음 아이들'을 보라. 아버지도 뒷전 '네가 제일'이라고 키운 아이들 말이다. 이 집의 모든 우선권이 아이에게 있는 그런 집 말이다. 어른 알기를 우습게 안다. 사회에 나와서도 세상에 잘난 건 자기뿐이다. 상사를 무시하고 제멋대로 논다. 회사 전체 동료와의 화합보다 자기만을 생각한다. 남이야 손해를 보든 말든 자기 이익만을 생각하는 지극히 소아병적 개인주의자로 되고 만다. 결국 사회적으로 매장된다.

　요즈음 우리 사회병리의 가장 심각한 문제가 나만 아는 병적인 개인주의다. 이런 문제아가 양산되는 온상이 바로 어른을 모르는 가정이라는 사실을 명심해야 한다.

나무람 속의 정

백마디 위협적 원칙론보다 정이 깃든 따뜻한 한 마디.

꾸중 한 번 않고 애를 키운다는 것은 현실적으로 있을 수 없는 일이다. 꾸중은 하되 거기엔 원칙이 있다. 첫째 남발하지 말아야 하며, 둘째 자기 감정을 발산시키기 위한 화풀이용으로 해선 안된다. 그 다음 유의해야 할 원칙은 꾸중하는 사람의 기분이 전달되어야 한다는 점이다.

작은 일에 토라진 녀석이 제 방에 틀어박혀 나오질 않는다. 불러도 대답이 없다. 좀더 큰 소리로 불러보지만 역시 반응이 없다. 녀석이 분명히 듣긴 했을 텐데 두 번, 세 번 불러도 대답이 없다.

이럴 때 당신의 다음 반응이 궁금하다.

"뭐 한 놈이 성낸다더니……"

"이놈이 아비가 불러도 대답을 안해?"

"괘씸한 놈 같으니."

당신 마음이 이렇게 움직여간다면 다음 반응은 뻔하다.

"아, 얼른 대답 못해?"

버럭 소리를 지를 것이다. 그리곤 아이 방으로 달려갈 시늉을 할 것이다. 대개 이렇게 진행되는 게 보통 가정에서의 시나리오다. 아버지 부름에 대답을 않는 건 권위에 대한 정면 도전이다. 아버지가 화가 나는 건 바로 이 점 때문이다.

그러나 냉정히 다른 쪽도 생각해 보자. 아이 입장에서 보자는 것이다. 이유야 어쨌건 아이는 지금 토라진 상태에 있다. 그럴 땐 얼마간 삭일 때까지 혼자 내버려둬야 한다. 누구와도 이야기하고 싶지 않다. 이런 상황에서 아이를 불렀다는 자체도 아이의 심경을 깡그리 무시한 처사다. 그리고 한 번 불러 대답이 없다면 내 기분보다 아이의 기분을 먼저 생각해 봐야 한다.

"왜 불러도 대답을 안해?"가 아니라 "불러도 대답을 안하니까 어떻게 되었나 걱정했잖느냐" 이렇게 물어야 순서요 순리다. 그게 부모로서의 자세다. 아버지가 걱정을 하고 있다는 그 기분이 아이에게 전달되어야 한다. 꾸중이고 야단이기보다 아버지의 자식에 대한 걱정이 먼저 전달되어야 한다. 이게 원칙이다.

녀석도 가벼운 불만의 표시로 어쩌다 대답을 안할 수도 있다. 그것도 아버지에 대한 하나의 의사 전달이다. 자존심이 센 녀석이면 그럴 수도 있다. '공부하고 있는데……' 이런 변명도 있을 수 있다. 그것도 들어줘야 한다.

어쨌든 '나는 너를 걱정하고 있다'는 그 진심이 전달되어야 한다. '이놈이 그래도 대답을 않고?' 이렇게 위협을 한다면 대답 안할 배짱은 없으리라. 하지만 이건 항복하라는 공갈 협박이지 훈육은 아니다.

원칙론을 강조하는 부모도 있다.

"아버지가 부르면 곧바로 대답을 해야 하는 법이야."

혹은 떠드는 아이에게

"집에서 떠드는 건 좋지 않아. 착한 아이는……."

이렇게 원칙론을 내세워 대답을 해야 한다는 것을 강조한다.

하지만 아이들이 그런 원칙을 몰라 대답을 안하고, 떠들고 있는
건 아니다. 알고 있으면서 행하지 못하는 게 원칙이란 괴물의 약
점이다. 원칙만을 강조해선 설득력이 없다. 그것을 깼을 때의 기
분이 전달되어야 한다.
"대답을 안하니까 아버지가 걱정이다"
"떠드니까 아버지 공부가 안된다."
이 기분이 전달되어야 한다.
아버지가 걱정이 되니까 대답을 했으면 좋겠고, 아버지 공부
가 안되니까 조용히 해줬으면 좋겠다. 이것이 순리요 원칙이다.
그래야 설득력이 있다.
백 마디 위협적인 원칙론보다 따뜻한 정을 깔고 있는 이 한 마
디가 더 효과적이다. 또 그래야 한다. 권위 8, 인간미 2라는 원칙
은 여기에도 적용된다.

끊어라, 떠나 보내라
은근히 자식간에 효도 경쟁을 붙여놓고 즐기는 사람도 있다.

아버지는 자식을 떠나 보내는 것이고 어머니는 끌어안는 것이
다. 아버지는 끊는 것, 엄마는 잇는 것 — 이것이 부성과 모성으
로 일컬어지는 자식에 대한 애정 구조의 기본적인 차이점이다.
아버지에게 야단맞고 제 방으로 돌아간 아이에게 살며시 다가
가 치마폭에 감싸 주는 게 세상의 어머니다. 야단을 치는 건 끊는

일이요, 감싸주는 건 잇는 일이다.

우는 아이를 업고 다니는 사람은 세상에 엄마뿐이다. 아버지는 잘 노는 아이와 놀지 우는 아이는 야단치고 쫓아낸다. 같은 자식도 잘난 놈을 더 예뻐하는 게 아버지다. 그래서 부성은 선택적이고 조건부 사랑이다.

하지만 엄마는 무조건 사랑이다. 열 손가락 깨물어 안 아픈 마디가 없다는 것도 한국 엄마의 무조건적 포용에서 비롯된 말이다. 엄마 눈엔 못난 자식 잘난 자식이 따로 없다. 구박받는 자식도 죽을 때까지 엄마는 끼고 돈다. 그래서 우리 일생을 통해 엄마를 떠나지 못한다. 그 사이엔 끊으려야 끊을 수 없는 연으로 서리서리 얽혀 있다. 공부는 물론 결혼시켜 살림내 가게까지 차려 준다. 그도 모자라 철따라 김장, 된장 다 담아주고 아이들 치다꺼리까지 다 맡는다. 서른까지, 아니 평생을 이렇게 지낸다.

이혼한 딸은 으레 친정으로 온다. '출가외인'이라고 못을 박은 건 아버지의 끊는 정이었다. 나간 이상 못 돌아온다는 뜻이긴 하지만 그보다는 엄마의 잇는 정이 더 강하기 때문이다. 재혼해 나가도 아이들은 으레 친정 엄마가 맡아 기른다. 이 세상 어디에도 이런 엄마는 없다. 가출한 아이들도 결국은 엄마 품에 돌아온다.

끔찍한 인질 사건이 가끔 벌어진다. 경찰에 포위된 범인들은 자수하라는 권유에도 막무가내다. 팽팽한 긴장감이 감돈다. 보도진들의 카메라에도 불길한 예감이 감돈다. 제발 무사히 풀려났으면 하는 온 국민의 바람에도 인질범은 끝까지 버틴다. 그때 헝클어진 머리에 맨발로 나타나는 여인이 있다. 엄마다.

"이놈아, 네가 웬일이냐."

제발 나오라고 울부짖는 엄마의 절규가 간장을 에는 듯하다. 이 한 마디가 결국 악의 뭉치를 다 풀어놓고 만다. 엄마를 부르며 걸어 나오는 그 범인의 모습은 어디에서도 악의 그림자라곤 찾아볼 수 없는 그저 한 어미의 자식일 뿐이다.

이제 그는 차가운 철창에 갇힐 것이다. 누구도 찾아 주는 이 없는 그 철창 앞에 흰 보따리를 들고 서성댈 엄마의 모습이 눈에 선하다.

지극히 한국적인 모정이다. 우리는 오랜 유교적 가부장제도 아래에 부권(父權)이 강하긴 했지만 심정적인 면에서는 모성원리(母性原理)가 강한 가족 구조였다. 아버지의 끊는 힘, 떠나 보내는 힘이 상대적으로 약했던 것이다. 엄마의 잇는 힘, 끌어안는 힘 — 이것은 어떤 힘으로도 막을 수 없는 절대적인 것이다.

이 점에서 서구 사회와는 판이하게 다르다. 엄마에게도 부성적인 절단력이 강한 게 서구 가정이다. 부·모 공히 일찍부터 아이들을 떠나 보낸다. 심정 윤리보다 규정 윤리에 더 철저하다. 어릴 적부터 용돈은 제 손으로 벌어 써야 하며, 대학에 들어갈 나이가 되면 부모와의 일체의 관계를 끊고 멀리 떠나 스스로의 힘으로 살아나가야 한다.

이들은 일찍부터 끊고, 떠나 보내는 훈련이 잘 돼 있기 때문에 자율심, 독립심이 강하다. 나이가 들어도 우리의 엄마에 대한 일체감은 세상의 무엇보다 강하다.

어느 나라 사람이건 엄마에 대한 그리움이 왜 없으랴. 하지만 그들에겐 어디까지나 그리운 추억으로 남아 있지 우리처럼 떨어질 수도 없고, 또 떨어져 있어도 언젠가는 돌아가야 하는 강한 귀속의식은 없다. 우리가 갖는 고향과 엄마에 대한 생각은 절대적이다. 죽은 후엔 뼈라도 그 가슴에 묻혀야 한다. 그래서인지 우리에겐 고향과 엄마를 주제로 하는 노래가 많다. 이 노래를 부르면 한국 사람인 이상 그만 애틋한 애상에 젖어 눈시울이 뜨거워진다.

언제나 기다리고 있는 고향, 엄마, 따뜻한 손길, 그 가슴을 영원히 가질 수 있다는 건 우리에겐 무엇보다 큰 위안이다.

난 이걸 굳이 탓하고 싶진 않다. 하지만 끊지 못하고, 떠나 보내지 못하기 때문에 날로 나약해지고 심약해져 가는 우리 주위의 다 큰 '어른아이들' 생각도 좀 하자는 거다. 부모가 자신이 없기 때문에 놓지 못하고 있는 것이다. 당장 자기 마음이 허전하니까 잡고 있는 부모도 있고, 저걸 어떻게 혼자 내보내나 싶어 불안해서 못보내는 부모도 있을 것이다. 하지만 결론은 떠나 보내야 한다는 것이다.

끊어야 한다. 그 보이지 않는 줄에 매달려 부모 눈치나 살피고 빈둥거리는 그 자식을 바라본다는 게 위안이라면 당신은 참으로 잔인한 부모다.

아비 유산이나 넘보고 변변한 직장도 없이 빈둥거리는 자식, 며느리도 시부모 눈치 보기 바쁘다. 자칫 잘못 보이는 날 온 살림이 동서 앞으로 날아갈 판이다. 이런 눈치를 챈 부모가 은근히 자식간에 효도 경쟁을 붙여놓고 즐기고 있는 사람도 있다. 세상에 딱한 집구석이다.

　보내라! 끊어라! 그래야 큰 놈이 된다. 일찍 끊을 수 있는 아이만이 세상을 제 힘으로 자신있게 살아갈 수 있다.

　부모 끈에 매달려 눈치나 보는 비굴한 자식으로 만들고 싶지 않거든 일찌감치 떠나보내라.

4
크게, 멀리 보고 키운다

4
크게, 멀리 보고 키운다

태양 아래, 진흙 속에
부모는 호텔에 들더라도 아이는 배낭을 지워 거지여행을 시킨다.

 아이는 그 시대 그 사회에 맞게 키워야 한다. 따라서 시대와 문화권에 따라 아이를 키우는 데는 차이가 많다.
 그러나 어느 나라, 어느 민족이고간에 한 가지 공통점이 있다. '아이는 태양 아래, 진흙 속에 키워야 한다'는 것이다. 이것은 동서고금의 진리다. 온실의 화초가 아니고 바람부는 들판의 들꽃처럼 키우란 뜻이다. 아무렇게나 뒹굴어 거무스레한 얼굴에 조금은 거칠게 키우란 소리다. 그래야 이 험한 세상을 어떤 일이 닥쳐도 헤쳐나갈 수 있을 것이다. 바람의 아이, 태양의 아이로 키워야 한다.

해수욕장엔 가끔 진풍경이 벌어진다. 고급 호텔에서 해말쑥한 얼굴의 아이들 손을 잡고 나오는 부모를 만난다. 저 아이들은 냉방이 잘된 방에 어젯밤 잠도 잘 잤으리라. 모기에 뜯기며, 밤이슬 맞으며, 모래밭에 뒹굴며 잔 아이들과는 얼굴부터 다르다. 살이 찌다못해 걸음걸이도 뒤뚱거린다. 배가 나온 사장 아버지의 호위 아래 거드름을 피며 나온다. 우월감도 생길 것이다. 사람들은 길을 비키며 부러운 시선으로 이들 가족을 바라본다. 우쭐한 기분도 들겠지. 하지만 그게 과연 아이들에게 교육적일 것인가를 생각해 본 부모는 아니다. 제 기분 좋아 그러는 것이지 이게 진정 아이들의 장래를 위해 유익한 것인지는 생각 못해본 사람이다.

바다에 온 이상 아이들은 모래사장에 뒹굴며 자야 한다. 파도 소리를 들으며 바다 바람에 꿈을 싣고 끝없는 먼 항해 속에 잠이 들어야 한다. 산에 온 이상 아이들은 낙엽 위에 뒹굴며 자야 한다. 별을 헤며 숲 냄새 풀벌레 울음 속에 아이들은 자연의 경이로움에 젖어들 것이다.

이렇게 자란 아이는 그 심성이 악해질 수가 없다. 흙처럼 부드럽고 별처럼 아름답다. 시가 나오고 낭만이 무엇인가를 안다. 사는 멋을 알게 된다. 자란 후 세상이 아무리 각박해도 이들에겐 생활의 여유를 찾을 줄 아는 슬기가 생긴다. 콜라 한 잔을 들고 길가 벤치에 앉아도 세상을 얻은 듯 넉넉한 여유를 만끽할 수도 있다.

바쁜 사무실 창틈으로 한줄기 바람만 불어와도 눈앞의 화나는 일들이 자취없이 사라진다. 피곤한 하루를 마치고 밤하늘의 별을 쳐다보는 것만으로도 하루의 짜증이 말끔히 가시고 푸근한 마음으로 돌아갈 수 있는 여유, 이러한 심성이 길러지기까지는 부모의 세심한 배려가 필수적이다. 그리고 이런 심성을 길러준다는 건 어떤 유산보다 더 값진 것이란 사실도 잊어선 안된다. 아무리 힘든 일이 닥쳐도 그들에겐 여유가 생긴다.

자연 속에 묻혀 사는 사람, 자연을 사랑하는 사람, 자연의 경이로움, 신비로움을 진하게 체험한 사람…… 이들 마음속엔 가장 순수한 영혼이 그리고 감성의 물결이 일렁인다.

인위적인 어떤 것으로도 결코 방해될 수 없는 강한 불길과도 같은 것이라고 나는 믿고 있다. 그것은 어쩌면 태양처럼 뜨거운 정열인지도 모른다. 어떤 가식도 용납될 수 없는 순수한 정열일 것이다.

어떤 역경에도 식지 않는 정열이 끓고 있다. 역경 속에서도 그들에겐 여유가 있다. 그럴수록 인간적인 순수성이 샘처럼 솟아난다.

링컨의 일생은 파란만장이었다. 낙선, 실패, 가난의 연속이었다. 하지만 그는 언제나 여유작작했다. 링컨의 유머는 책을 몇 권 만들 정도로 남긴 일화가 많다.

그의 유머, 그의 저력은 어디서 나온 것일까? 그것은 자연 속에 자랐던 유년시절에서 비롯된 것이다. 힘든 일에 부딪칠 적마다 그는 어릴 적 바라보곤 했던 산골 마을의 저녁 풍경을 떠올리곤 했다. 그 황홀하고 평화로운 정경이 눈앞에 펼쳐지는 순간 어둡던 마음이 하늘처럼 훤히 열리곤 했다. 하늘 가득히 석양으로 물든 저녁 놀은 어린 링컨의 마음을 완전히 사로잡았다.

태양 아래 진흙 속에 내버려둬야 한다. 싸우다 코피가 터질 수도 있을 것이다. 가시에 찔려 상처가 날 수도 있을 것이다. 하지만 걱정할 것 없다. 그대로 두어라. 스스로 알아서 처리하도록 해야 한다. 까짓 상처쯤 제가 알아서 못하면 나중에 자란 후 마음의 상처를 어떻게 처리할 것인가? 긁힌 상처쯤 제 손으로 치유할 수 있어야 앞으로 닥쳐올 마음의 상처를 치유할 수 있는 아이로 자랄 수 있다.

우리 어릴 적엔 웬만큼 다쳐도 울지 않았다. 양지 바른 곳의 부드러운 흙을 긁어모아 상처에 뿌려 지혈을 시켰다. 누가 가르쳤는지는 모른다. 그러나 그건 훌륭한 치료방법이었다. 집에 와선 행여 꾸중을 들을까 아예 엄마에게 보고도 하지 않고 상처를 숨겼다.

지금도 내 무릎은 정상 조직이라고는 찾아볼 수 없을 만큼 상처투성이다. 하지만 난 그것 때문에 병원에 가본 일도 없거니와 엄마 손을 빌려 본 적도 없다. 바짓가랑이나 걷어올리고 그냥 뛰어다녔다. 바람에 난 상처는 바람을 맞히며 그렇게 치유되어 갔다. 스스로의 아픔은 제가 알아서 치료해야 했던 것이다.

이게 진흙 속에 뒹굴며 자란 아이들의 생리요, 정신 자세다. 냉방 잘된 고급 호텔에서 자고 나온 아이들에겐 상상도 할 수 없는 힘이다.

호텔 방은 나약한 아이들의 온상이다. 부모의 허영, 과시가 아이들을 나약한 불구로 만들고 있는 것이다. 그게 진정 아이들을 위한 것인가. 어른 욕심이 빚어낸 비극이다. 제 기분 좋아서 한 짓이 아이들의 건강을 앗아가고 있는 것이다.

서구의 부모들은 돈이 많다고 절대로 이런 짓을 하지 않는다. 부모야 최고급 호텔에 머물러도 아이들은 배낭을 메고 거지 여행을 시킨다. 그나마 제 손으로 번 돈이다. 물론 아이들도 호화판 휴가를 기대하지 않는다.

자기가 번만큼 지기 분수대로 떠난다. 순수하면서도 힘이 넘치는 서구의 젊은이다. 도전적이고 정열이 뜨겁다.

바람의 아들, 태양의 아들로 진흙 속에 키워야 한다.

아비는 자식의 거울
아비는 비록 나막신 장사지만 너는 부디 벼슬을 해야 한다.

아이들은 분위기로 자란다. 아무말하지 않더라도 그 집의 분위기가 어떠냐에 따라 아이들의 마음가짐이며 성격, 진로 그리고 인생관이 정립된다. 공부 열심히 하란다고 다 열심히 하는 건 아니다. 훌륭한 사람이 되라고 말한대서 다 훌륭하게 자라진 않는다. 거짓말하지 말라고 가르친대서 그대로 따라오지도 않는다. 백 마디 말보다 아이에게 중요한 영향을 미치는 건 그 집의 분위기다. 말은 할 때뿐이지만 분위기란 언제나 그렇게 있는 것이어서 아이들은 그 속에 흠뻑 젖어들기 때문이다.

　음악가 집안에서 음악가가 많이 배출되고 화가 집안에서 화가가 나는 것도 선천적인 소질보다 그 집안의 분위기 탓이다. 어릴 적부터 보고 듣는 게 음악이요 그림이라 아이들은 자연스레 그 방향으로 머리가 발달하고 관심도 그런 쪽으로 많아질 것이기 때문이다. 아이들은 그게 마치 자기 숙명이나처럼 생각하게 된다. 당연히 그 길로 가야 하는 걸로 생각하게 된다.

　우리가 가문을 중시하고 가풍이나 전통을 중시하는 까닭은 바로 여기서 비롯된다. 지금도 혼인을 할 적엔 상대방 가문을 따지게 되는 것도 낡은 허영만은 아니다.

　큰 재목이 자라기 위해선 그 사람 한 대에서 이루어지는 게 아니다. 대대로 이어 내려오는 그 집 가문의 전통이 큰 재목의 성장을 위한 밑거름이 되고 있는 것이다. 개천에서 용났다는 소리도 있긴 하지만 설령 났기로소니 그게 용 노릇을 옳게 못한다. 아는 게 개천밖에 없기 때문이다.

　흉보며 닮는다는 말도 있고 딸이 제 어미 팔자를 닮는다는 말도 있다. 그만큼 집안의 분위기가 아이들 성장에 결정적 영향을 마치고 있기 때문이다. 요즈음 세상에 무슨 양반이냐고 반문하겠지만 출신가문은 결코 무시될 수 없다.

　똑같은 아파트에 살면서도 집집마다 분위기가 다르다. 밝은 집이 있는가 하면 침울한 집도 있다. 고급 일색인데도 어딘가 천박한 느낌이 드는 집이 있는가 하면 소박함 속에서도 품위가 감도는 집이 있다. 지적인 분위기가 있는가 하면 어딘가 속물스런 분위기가 있다. 왜 그런 차이를 느끼느냐고 꼬집어 묻는다면 이 거다 하고 집어 낼 순 없지만 그 집 전체에서 풍겨나는 독특한 분위기가 있는 것은 확실하다.

무엇을 이 집에선 가장 소중히 여기며 어디에다 가치관을 두고 있으며 행복의 의미를 어떻게 알고 있느냐? 여기에 따라 아이들 키우는 목표가 다를 것이고 방법이 다를 것이다.

아버지의 인품, 엄마의 심성 그리고 부모의 인생관, 철학 등 많은 요인들이 그 집의 분위기를 좌우한다. 교육수준, 생활수준도 물론 작용할 것이다. 하지만 이 많은 요인들 가장 중요한 것은 뭐니해도 아버지가 살아가는 뒷모습이라고 나는 믿고 있다. 그가 인생을 어떻게 보고 있으며 어떤 자세로 살고 있고, 또 자기 하는 일에 얼마나 긍지를 갖고 있느냐가 중요한 것이다.

아버지가 집에 돌아와 신세타령이나 하고 자기 하는 일에 대해 불평불만이나 늘어놓는다면 그걸 보고 자라는 아이가 산다는 문제를 어떻게 생각하게 될 것인가. 출발도 못한 상태에서 앞으로의 인생을 어둡고 어려운 것으로, 불만이나 늘어놓아야 되는 것으로 생각하게 될 것이다.

사람들은 이상하게도 자기 하는 일에 긍지를 갖는 경우가 드물다. 나는 나막신 장수지만 너는 공부해서 벼슬해야 한다는 생각이다. 이걸 아주 노골적으로 강조하는 아버지도 있다. 아이들을 자극할 목적이긴 하겠지. 공부 열심히 하라는 협박일 수도 있을 것이다.

이런 아버지일수록 자기 하는 일이 얼마나 싫고 힘든 일이라는 걸 과장해서 늘어놓길 잘한다. 그래도 죽지 못해 하는 것은 오직 너희들을 위해서라는 걸 인식시키기 위해서다. 그렇게 함으로써 아이들의 죄책감을 자극하여 언젠가는 아비 하는 일을 집어치울 수 있게 해달라는 애원이요 협박이다. 아이들 보는 앞에선 더욱 엄살이다. 허리도 아프고 다리도 절름거린다. 깊은 한숨을 몰아쉬며 자기가 얼마나 힘들다는 걸 보여줘야 한다.

맙소사. 이런다고 아버지의 계산대로 아이들이 자극을 받아 공부를 열심히 하느냐? 확률은 희박하다. 오히려 어린 가슴에 일찍부터 인생이 얼마나 힘들다는 걸 심어줌으로써 삶에의 자신을 잃게 한다. 공부는커녕 자포자기하고 만다. 중도에 탈락, 될 대로 되라는 인생이 된다.

아버지가 인생을 어떤 자세로 사느냐? 아이들은 아버지 등뒤에서 말없이 지켜보고 있다. 그리고 아버지의 사는 자세가 아이들의 자세를 결정한다. 남들 보기에 시원찮은 직업이라도 최선을 다해 열심히 해야 한다.

아버지의 이런 자세는 아이들의 인생을 사는 자세는 물론이고 일에 대한 열성을 함양하는 데 중요한 인자가 된다. 아이들은 이 세상에 자기 아버지 하는 일만큼 중요하고 높은 일은 없는 걸로 알고 있다. 그 생각이 퇴색하지 않게 아버지의 진지한 자세가 절실히 요망된다.

내가 대학 졸업반 때 오랜 지병으로 고생하시던 아버님이 세상을 뜨셨다. 하지만 내겐 슬픔보다 현실적 걱정이 더욱 컸다. 시골 양반의 5대 종손 장례가 그리 간단할 리가 없다. 군에 간 형

대신 열 세 식구의 생계를 꾸려나가야 했던 나로서는 장례절차를 간소화하지 않을 수 없었다.

그 많은 조문객의 끼니 걱정에서 장례비용까지, 내겐 슬퍼할 여유도 없었다. 그런 경황 중에

윤홍기 선생님이 문상을 오셨다. 아버지에겐 죽마지고우요, 교편생활도 오래 함께 하신 어른이었다. 가난한 우리 집 형편을 누구보다 잘 아시는 선생님께선 가끔 만날 적마다 나를 격려해 주셨고, 잘해 나간다고 아주 대견스러워하셨다. 그러신 선생님의 문상은 내겐 참으로 감동적이었다. 형식적으로 하는 곡이 아니고 나는 그분과 함께 그제야 맺힌 울음을 실컷 울었다. 그러고 난 후 선생님은 내 손을 잡으시곤 아주 근엄한 소리로 이렇게 말씀하셨다.

"그래, 너도 열심히 했다. 그러나 너의 그 힘은 네 아비한테서 나온 것임을 잊어선 안 되느니라."

선생님의 그 한 마디가 내 머리에 큰 파문을 일으키고 지나갔다. 생전에 그 애쓰시던 아버지의 모습들이 아프게, 무겁게 스쳐 지나가고 있었다. 해방 전후 혼란스런 정국의 와중에도 한 점 흐트러짐이 없었던 아버지, 두 동생을 잃고도 고개를 떨구지 않았던 아버지였다.

해방 후 대구로 이사 올 적엔 만원 기차에 가족들을 떠밀어 태우느라 끝내 당신은 기차를 놓치고 말았다. 안간힘을 쓰며 기차를 따라오시던 그 모습이, 그래도 한 손으로 모자를 눌러 잡고 달여오시던 그 모습이, 하고 한 날 멀건 보리죽 한 그릇 마시고도

큰기침하며 대문을 나서던 아버지, 밤새 오한 구토로 고생하시다가도 이튿날이면 시계처럼 출근길에 오르시던 우리 아버지였다.

나는 누구보다 인생을 열심히 살아간다고 자부하고 있다. 이건 우리 형제 모두의 자랑이기도 하다. 세계 각지에 흩어져 내로라 하는 중견사회인으로 성장할 수 있었던 것도 주어진 인생을 열심히 살았기 때문이다. 그 저력이 어디서 나온 것인가를 그때 윤 선생님께서 용케 지적해 주신 것이다.

아버지의 굽은 등뒤에 진하게 밴 땀방울을 지켜보면서 우리는 그렇게 자란 것이다.

알아야 면장?

인생의 선배로서 삶의 지혜와 슬기를 가르치는 아버지의 몫.

알아야 면장이지, 배운 게 있어야 아이도 가르친다. 그래서 아이들 교육에 관한 한 아예 담을 쌓듯 못 본 체하고 지내는 부모도 더러 있다. 자기가 무식하니까 가르칠 게 없다는 부모다. 그저 아이들 하는 대로 따라할 수밖에 없다는 참으로 딱한 부모다. 못 배운 것까지야 좋다. 그렇다고 아이들 교육에 오불관언의 태도를 취한다는 건 말이 안될 소리다.

······아버지와 아들이 고기잡이를 갔습니다. 아이는 근사한 낚시 옷에 최신 고급 낚싯대를 들고 나왔습니다. 용구함도 대단히

복잡했습니다. 아버지로서는 사용법을 모르기 때문에라도 그렇게 가져갈 수 없었습니다. 복잡한 준비를 끝낸 아들이 낚싯줄을 던졌습니다. 하지만 영 고기가 잡히질 않았습니다. 지켜보고 앉았던 아버지가 조용히 물 속으로 들어갔습니다. 아버지는 맨 손으로 큰 고기를 잡아 올렸습니다.

비슷한 이야기는 많다. 6연발 사냥총에 사냥개를 이끌고 간 아들은 허탕치고 돌아왔지만 아버지는 맨 손으로 토끼를 잡아 온 이야기도 있다.

내가 왜 이런 이야기를 끄집어냈는지는 '무식'한 부모도 그 사연을 짐작할 수 있을 것이다. 상급학교 교육을 받지 못했다고 해서 무식한 부모는 아니다.

부모가 자식에게 가르쳐야 하는 건 지식교육이 아니기 때문이다. 물리학·분자학·비틀즈 음악은 몰라도 된다. 인생의 선배로서 삶의 지혜와 슬기를 가르치는 것이 아버지의 몫이다. 사람을 만나 대화는 법도 그렇다. 기술, 지식교육은 아버지의 영역이 아니다. 가르칠 수도 없거니와 안다고 가르쳐서도 안된다. 그건 학교가 해야 할 일이다. 그 분야의 특수 교육을 위해 학교가 있고 우린 거기다 하청을 주고 있는 것이다. 돈도 내고.

아버지도 엄마도 이것만은 집에서 거들지 않아야 된다는 게 내 충고다. 부모는 지식교육을 위한 선생은 못된다. 왜냐하면 첫째, 아이들은 자신과 제일 가까운 사람일수록 무식하다는 이유로 경멸하고 있다는 사실이다. 진심으로 자기를 아끼고 사랑하고 믿을 수 있는 사람들, 부모·형·선생님까지 아이들은 무시하는 경향이 있다.

때로는 거친 말버릇이나 행동도 한다. 왜냐하면 그래도 자신을 사랑한다는 걸 믿기 때문이다. 제법 건방지게 굴 때도 있다. 입을 비쭉거리거나 혹은 아예 상대도 않겠다는 투로 나오기도 한다. 하지만 이건 아이들의 애정 표현의 또다른 형태다.

너무 기분 나쁘게 생각 않는 게 좋다. 무시당한 기분에 속상하면 맞고함을 쳐도 좋다. 하지만 녀석이 나를 믿고 그런다는 사실만은 잊지 말아야 하겠다.

아이들은 설익은 단편 지식으로 대들기도 한다. 아버지가 대학교수라도 고루하고 봉건적인 사람으로 몰아 세우기도 한다. 녀석이 주워대는 토막지식 앞에 웬만한 부모라면 기가 죽는다. 그렇다고 아예 녀석과는 지적 토론을 외면하겠다는 것도 아비의 태도는 아니다. 내가 못 배운 이야기라면 못 배운 사람에게 아는 지식을 전달하는 법쯤은 자식에게 가르쳐야 한다. 어려운 학술 용어나 외국어를 섞어 쓰는 따위는 시정 건달이나 하는 짓거리다. 시원찮은 선생의 강의가 어렵다는 것도 납득시켜야 한다. 아는 게 많을수록 상대에게 겸손하게 굴어야 한다는 것도 가르쳐야 한다. 이런 것이 삶의 슬기다.

이혼하고 싶지 않다면 마누라 운전 가르치지 말라는 말이 있다. 신경질이 나서 가르칠 수 없다. 자기 배울 때 생각은 까맣게 잊고 그것도 못 하느냐고 핀잔이다. 나중엔 아주 바보니, 천치니 하는 소리까지 튀어나온다.

아이들 공부 못 가르치는 것도 같은 이유로 그만큼 사랑하기 때문이다. 사랑하기 때문에 모르니까 밉고, 미우니까 욕지거리도 나온다. 심지어는 때리기까지 한다.

학교교육은 선생님에게 맡겨라. 그건 부모의 영역이 아니다. 따라서 부모가 많이 배우고 적게 배우고는 전혀 문제가 되지 않는다. 삶의 지혜는 지식 교육과는 관계없이 얻어지는 것이기 때문이다.

무식한 부모란 소리만은 하지 말아야 한다. 자신을 위해서도 그렇고 아이를 위해서도 더욱 그렇다. 누구도 무식할 수가 없는 법, 나이 든 만큼 삶의 지혜는 쌓이기 마련이다.

진짜 무식한 부모는 알면서도 딴 짓거리를 하는 사람이다. 이들이야말로 아이들에게 아무것도 가르쳐선 안될 진짜 무식한 부모다.

있다고 다 주지 말라

우리 나라 일부 가정에서 이미 동물원의 사자새끼처럼 키우고 있다.

동물원의 사자

나는 동물원을 싫어한다. 울안에 갇힌 동물들이 측은해서다. 넓은 광야를 거침없이 달려야 할 야수들이 좁은 울에 갇혀 사람들의 구경거리가 되고 말았다. 짐승의 신세도 가련하지만 그러는 인간의 잔인성은 누가 벌할 것인지 궁금하다. 저렇게 욕되게 사느니 차라리 잡아먹히는 편히 나으리라. 극성스런 동물애호가들이 보신탕은 규탄하면서 자기네 동물원은 왜 그냥 두는지 알다가도 모를 일이다.

울안에 갇힌 사자를 보라. 불빛이 흘러야 할 그 눈엔 게으름과 졸음뿐이다. 서글픈 제 신세 타령을 하고 있는 것도 같다. 이젠 자기를 이 꼴로 만든 인간이란 동물을 저주하고 원망하는 그런 눈빛마저 사라지고 체념만이 가물거릴 뿐이다. 하는 짓거리도 낮잠뿐이다.

무언가를 해보고 싶은 의욕도 없다. 하긴 그럴 기력도 있을 것 같지 않다. 토끼 한 마리 잡아 낼 것 같지도 않다.

오죽하면 맨 손으로 사자 울안에 뛰어든 청년이 있었을까? 그는 달려드는 사자와 한참을 맞겨뤄 싸웠다. 겨우 구출이 되긴 했지만 어쨌든 이 사건은 사자로서는 대단히 창피한 일이었다. 얼마나 무시당했으면 맨 손으로 뛰어들어 한 판 해보겠다고 겨루기를 했을까? 이건 사자의 체면에 관한 문제다. 밀림의 동료가 들었으면 하늘을 보고 웃었을 것이다.

여러분, 내가 지금 동물원 수기를 쓰려는 뜻은 아닙니다. 행여 우리 집안에 그런 나태한 사자 새끼가 자라고 있는 건 아닌지 살펴보자는 뜻이다.

무감동, 무의욕, 무기력 — 이것은 소위 현대 젊은이의 소외 증후군의 3대 증상이다. 선진부국의 사회적 고민거리로 등장한 이 문제가 우리 나라에도 상륙한 지 한참 되었다. 별 하는 일 없이 빈둥거린다. 일자리가 없어서도 아니다. 무슨 일이든 해보고 싶은 의욕이 없다. 그러니 하려고 해도 할 수 있는 기력이 생길 리 없다. 안 해도 답답할 것 없고 무슨 일에고 감동이 없다. 모든 게 그저 시시하고 그저 그렇다. 관심이 없다. 겨우 밥이나 먹고 학교엔 가지만 지극히 건성이다. 직장도 겨우 다니는 시늉만 한다. 저공비행이다. 못 돼도 그만이다. 답답할 것도 없다.

이런 모습이 꼭 울안에 갇힌 사자와 같다. 전혀 야성(野性)을 찾아볼 수 없다.

밀림의 맹수를 보면 전혀 다른 두 모습이 있다. 배고플 적엔 눈에 불빛이 흐른다. 호시탐탐, 먹이를 찾아 나서는 온몸엔 긴장이 감돈다. 사냥이 시작되면 혼신의 힘을 다한다. 천지를 뒤흔드는 표효와 함께 먹이를 향해 덤빌 적엔 그야말로 번개같다. 날쌔고 용맹하다.

이 순간의 모습은 배불리 먹고 난 후에 한가로이 누워 낮잠을 즐기는 사자와는 전혀 다르다. 사자는 역시 사냥을 나설 때가 사자다. 적당히 굶주린 사자라야 사냥을 위한 공격 중추가 자극되고, 그래야 비로소 사자로서의 용맹스런 면모를 드러내는 것이다.

불행히 동물원의 사자에겐 이게 없다. 사냥할 필요가 없다. 외적의 침입이 있는 것도 아니요, 사냥꾼이 설쳐대지도 않는다. 경계를 해야 할 필요조차 없으니 할 일이라곤 게으른 낮잠뿐이다.

모자라야 움직인다. 이것은 사람이라는 동물에게도 똑같이 적용된다. 인간에게도 동기가 없으면 행동이 유발되지 않는다. 아쉽고 필요한 게 있어야 움직인다. 배가 고파야 먹을 걸 찾아 나서고, 성적인 욕구가 생겨야 이성을 찾게 된다. 따라서 움직이지 않고도 모든게 충족된다면 활동할 필요가 없어진다.

모든걸 다 갖추었으니 손에 넣으려는 노력도 할 필요 없고, 또 손에 넣었다고 좋을 것도 없다. 한 마디로 매사에 의욕이 없어진다. 이 점 부유층 부모는 특히 경계할 일이다. 요구하는 대로 다 들어주다간 자칫 의욕을 상실케 하고 감동도, 기력도 없는 아이로 만들 수 있기 때문이다. 이것만큼 부모가 저지를 수 있는 무서운 죄악도 없다.

있다고 다 주는 게 아니다. 헝그리 정신의 강한 투지, 강한 의욕을 앗아가기 때문이다.

약간은 굶주린 아이의 행동이 민첩하다. 배불리 포식하고 난 후에 운동을 해본 사람이면 알 것이다. 모든게 둔하다. 투지도 약해진다. 인간은 한 가지 본능이 충족되면 다른 본능도 일시적으로 줄어들기 때문이다. 뭐니 해도 사람을 나태하게 만드는 건 부(富)다.

로마가 망한 것도 너무 부강해서였다. 백성뿐만 아니었다. 군대도 칼 대신 술병을 차고 다녔으니 망조가 안들 수 없다. 미국이 흔들리고 있는 것도 너무 부강해서다. 퇴폐·타락·마약·범죄…… 소위 선진국은 어디서나 골치다.

우리 나라에도 이미 그런 징조가 완연하다. 나라도 개인도 이 점에서는 다를 바 없다. 요즈음 일부 가정에선 이미 동물원 사자 새끼가 자라고 있다. 꼭 잘사는 집만도 아니다. 형편이 넉넉지 않아도 아이가 원하는 거라면 무조건 사주는 집도 결과는 마찬가지다.

　아이들이 기가 죽을까봐 걱정이라는 부모도 있다.

　다른 아이들은 다 갖고 있는데 우리 아이만 없다면…… 그 이유 하나만으로 당신 아이가 기가 죽을 정도로 키워 놓았다면 할 수 없다. 해줄 수밖에 없다. 다만 황새 쫓다 뱁새 다리 찢어지는 꼴은 안 나야 한다. 없는 주제에 시건방만 들었다간 정말 큰일이다.

　자신이 없는 부모도 아이들 원하는 걸 다 들어 줘야 한다. 아이들에게 약점이 잡힌 부모는 의외로 많다. 문제아 상담을 하노라면 참으로 기막힌 사연들도 많다. 낮이면 친구들과 고스톱 판을 벌리는 엄마의 약점을 잡고 협박한 아이도 있었다. 아버지한테 입마개용으로 용돈을 뜯어낸 것이다.

　심지어 아버지의 탈세를 빌미로 은근히 협박하여 자기 욕심을 채운 녀석도 있다.

　저녁마다 술먹고 늦게 들어오는 아버지도 아이 앞에 죄인이다. 속죄하는 뜻에서도 뭐든 다 들어줘야 한다. 선물도 푸짐히 사들고 온다. 이건 선물이 아니라 뇌물이다.

　재수생에게 생일날 자가용을 사준 엄마가 있다.

　"그 정도야 어때요? 만원 버스에 시달려 피곤해 공부가 안된다는데 어떡해요?"

　내가 묻지도 않는데 엄마는 자신을 변명하느라 땀을 흘린다. 하긴 그 정도야 괜찮을지 모른다. 법적으로 제한이 있는 것도 아니다. 누구도 여기가 한계라고 선을 그을 순 없다.

아이들 요구를 어디까지 들어줘야 하느냐? 이 문제가 어려운 것도 그래서다. 형편이 되는데도 안해 주다간 오히려 아이들 반발을 살 수도 있다. 이 역시 현실적인 문제다. 하지만 여기에도 원칙은 있다. 당신 판단에 이것은 안된다 싶으면 분명히 안된다고 해야 한다. 아이가 뭐라든 교육적으로 안된다 싶거든 단호히 거절해야 한다. 그럴 수 있으려면 평소의 당신 판단이 상식선에서 건전해야 한다. 그래야 아이들이 믿고 따른다. 우선은 불만이라도 참고 돌아선다.

울안의 사자보다야 그래도 반발하는 아이가 낫다. 당장은 좀 골치가 아프겠지만 말이다.

그것은 죄악이다

인간을 움직이게 하는 힘은 굶주림만은 아니다.

동물을 움직이게 하는 동기 중 식욕만큼 강한 것도 없다. 그러나 인간에겐 한 차원 높은 또 하나의 큰 힘이 있다. 성취에의 기쁨이다. 제 손으로, 제 힘으로 뭔가를 이루었을 때의 그 기쁨을 만끽하기 위해 우리는 힘든 것도 참아가며 여러 가지 일을 한다. 비록 눈앞에 하는 일이 힘들어도 그 후에 올 성취에의 만족을 위해 우리는 참고 일한다.

어린아이를 지켜보면 성취에의 힘이 얼마나 강한가를 알 수 있다. 기어다니는 아이가 혼자 서보려고 바둥거리는 모습을 지켜보라. 서는 듯 하다간 넘어지고, 넘어지면 잠시 찡그려 울다간 또 도전한다. 몇 번을 되풀이한다. 멍이 퍼렇게 들어도 아이는 혼자

서기를 포기하지 않는다. 무엇이 저 어린것으로 하여금 그 힘든 일에 계속 도전하게 하는 것일까? 아픈 게 싫다면 그는 이미 혼자 서기를 포기했을 것이다.

아픈 걸 참아가면서도 계속 도전해야 할만큼 중요한 것이 있다. 그건 성취에의 기쁨이다. 이윽고 녀석이 혼자 섰을 때의 그 순간을 지켜보라. 손뼉을 치며 지르는 그 환호성을 들어보라. 세상을 얻고도 저렇게 기쁠 수는 없을 것이다. 저 순간을 위해 아이는 아픈 것도 참아가며 계속 그 힘든 일에 도전한 것이다. 누구의 도움 없이 대지를 밟고, 제 힘으로 우뚝 선 것이다.

인간에겐 이렇게 위대한 힘이 내재되어 있다. 그 어린것이 '성취에의 기쁨'이 무엇인지를 알아서 한 일은 아닐 것이다. 그렇다면 그것은 타고난 본능적인 힘이다.

성취에의 본능, 이것이 우리로 하여금 계속 새로운 일에 도전하게 하는 힘이다. 눈앞의 고통을 감내하면서 언젠가는 이루어질 그 순간의 환희를 위해 열심히 그 일에 매달리게 하는 그런 힘이다.

이 힘을 길러야 한다. 이것이 부모의 책임이다. 이게 사라지는 날 그는 무슨 일이든 해볼 엄두를 안낸다. 일할 재미도, 보람도 없기 때문이다. 불행히 우리 주위엔 그런 부모가 적지 않다. 성취에의 기쁨을 앗아가는 부모다. 모든걸 다 해주는 부모가 그 대표적인 예다.

부모가 다 해주니 아이는 제 손으로 할 일이 없다. 제 손으로 한 게 없으니 성취에의 기쁨을 맛볼 수가 없다. 이건 죄악이다.

부모가 자식에게 저지를 수 있는 죄치고도 큰 죄다. 죄인이 안되려면 인색해야 한다. 있다고 다 주어선 안된다. 거들어줘서도 안된다. 제 힘으로 하지 않는 이상 성취에의 기쁨은 없기 때문이다. 결과가 시원찮아도 제 힘으로, 제 손으로 해야 한다.

모든걸 다 갖춘 화려한 출발도 많다. 원하는 것 다 해주고 필요한 것 다 사주면 공부하는 데나 생활하는 데나 편리하긴 할 것이다. 능률적이고 발전도 빠를 것이다.

'열쇠 세 개'를 쥐고 신혼 생활을 시작하는 젊은이도 있다. 주위의 부러움도 살 것이다. 기왕이면 화려한 출발이 좋다.

하지만 한 가지, 이들이 가질 수 없는 건 성취의 기쁨이다. 무언가를 이루었을 때의 기쁨이 없는 것이다. 하긴 다 갖고 출발했으니 더 갖출 것도 없을 것이다. 가난한 주부가 커튼을 새로 달고 밤잠을 설쳐야 하는 그런 흥분은 결코 없을 것이다.

나는 어디에선가 자식에게 물려줄 재산은 없어야 한다고 강조한 적이 있다. 부모 유산이나 바라고 앉은 백수건달이 될 위험도 있지만 그보다 더 중요한 것은 그는 자력으로 이루어낸 성취에의 기쁨을 맛볼 수 없기 때문이다. 부모로서 이보다 더 잔인한 짓도 없을 것이다.

무슨 일을 해도 보람을 느낄 수 없다면 무슨 재미로 일을 할 것이며 의욕인들 어찌 생길 건가. 이것도 죄다. 부모로서 자식한테 지을 수 있는 죄치고는 큰 죄라는 사실을 명심해야 한다.

없어야 만든다

있다고 다 줘서는 안되는 또 하나의 이유는 창조성 개발을 위해서다. 장난감이 없으면 아이들은 새로운 놀이를 개발해낸다. 빈터에서 노는 아이들을 지켜보라. 깔깔대며 잘도 논다. 어린이에겐 무에서 유를 창조해내는 위대한 능력이 있다는 것을 실감하게 될 것이다.

이 능력을 잘 길러야 한다. 새로운 아이디어가 언제나 샘솟듯 우러나게 길러야 한다. 요즈음은 창조성 개발이라는 교육 프로그램도 나와있다. 그런 과학적 훈련도 도움이 될 것이다. 하지만 보다 중요한 것은 인간에게 내재된 창조성을 말살시키지 않도록 해야 하는 일이다.

무엇이 인간만이 가진 이 위대한 능력을 말살시키고 있는 것일까? 가정에서의 과잉부모와 학교에서의 획일적인 대량 교육이 그 주범이다. 물론 일차적인 책임은 부모다. 있다고 다 주는 부모가 원흉이다.

"필요하다는 건 다 사줬습니다. 어려운 형편에도 제가 원하는 건 다 해주었습니다. 무엇이 부족해 우리 아이가 저 모양입니까? 상급학교로 갈수록 성적이 떨어져 이젠 아주 바닥권입니다. 초등학교 때 IQ가 140이었어요. 도대체 무엇이 모자라 이 모양입니까?"

"부족한 게 없어서 그렇게 되는 겁니다."

엄마는 울다 말고 나를 쳐다본다. 무슨 말인지 알 수가 없는 모양이다. 하긴 알 턱이 없지. 알았다면 아이에게 모든걸 그렇게

다 해주진 않았을 테니까.

　참고서만 있다면 숙제도 쉽다. 그저 베껴 내기만 하면 점수도 잘 나온다. 숙제 한 문제를 안고 밤을 새워 끙끙거리지 않아도 된다. 쉽고 편하다. 고생할 것도 없이 있는 참고서 펼쳐보면 간단히 해결된다. 그것도 모자라 가정교사가 옆에서 거들어 준다. 급하면 아예 대신 해주기도 한다. 학교 성적은 오를 것이다.

　하지만 여기에는 한계가 있다. 상급반으로 올라갈수록 폭 넓은 사고와 응용력을 요하기 때문이다. 올라갈수록 성적이 떨어질 수밖에 없다. 참고서도 가정교사도 그 선택에 신중해야 한다. 무조건 해준다고 좋은 건 아니다. '궁즉통'이다. 궁하면 얻는 길을 생각하게 된다.

　어디 공부 만이랴. 세상사 모든 것이 그렇다. 장난감도 원하는 대로 사주면 이 역시 죄악이다. 창조성 개발용 장난감도 있다. 하지만 조심해라. 오히려 말살시킬지도 모른다.

　남들이 싫증나서 버린 것, 혹은 고장난 장난감이 창조성 개발엔 훨씬 효과적일 수도 있다. 우선 그런 것이나마 얻기 위해선 친구도 잘 사귀어야 한다. 그것도 창조다. 비록 망가진 것이라도 얻어 갖고 올 수 있는 소신도 중요한 덕목이다. 그걸 가져다 고친다고 분해하고 여기저기 헌것들을 주워 모아 조립하고……

　이것이 창조가 아니고 무엇이냐? 단추만 누르면 잘 돌아가는 새 것보다 덜컹거리는 헌 장난감이 창조성 개발에는 결정적으로 효과적이다. 이것저것 꿰어 맞추다 보면 모양도 이상해진다. 그러나 이건 어느 아이도 안갖고 있는 새로운 스타일이다. 거기다

 멋있는 이름을 붙이는 것도 창조다. 제 손으로 만들었다는 긍지도 생길 것이다.
 아이들의 요구가 장난감만은 아니다. 용돈·옷·신발·운동용구 등 끝이 없다.
 어디까지 들어줘야 하는지 경우에 따라 다르겠지만, 한 가지 분명한 원칙은 '인색해야 한다'는 사실이다. 창조성 개발을 위해서다.
 라이트 형제가 비행기를 만들 수 있었던 위대한 창조성도 따지고 보면 '없는 데서' 출발했다. 이들도 어릴 적 썰매를 갖고 싶었다. 그러나 부모는 만들어주지 않았다. 결국 자기들 손으로 만들지 않으면 안되었다. 엄마는 곁에서 조언하는 데 그쳤다. 당시는 아이들이 모두 상자 썰매를 탔지만 그래서는 바람의 저항 때문에 스피드가 날 수 없다는 게 엄마의 충고였다. 하지만 상자 없이 어떻게 앉지? 길게 해서 엎드려 타는 수밖에 없다.
 설계대로 긴 썰매를 만들어 얼음판에 나갔을 적엔 동네 아이들이 그 괴상한 모양에 모두 웃었다.

그러나 형제는 자신만만이었다. 웃는 아이들을 보기 좋게 제치고 쏜살같이 달려나가는 썰매 위에 형제의 환호가 하늘을 찔렀다. 이런 용기와 지혜가 비행기를 만들어 낸 것이다.

나는 우리 딸아이가 바느질을 하는 걸 자주 보진 못했다. 그러고도 시집을 갔으니 다행이다. 사위한테 좀 미안하긴 하지만! 가끔 유치원 선생 시절에 교재준비를 하느라 재봉틀 앞에 앉아 있긴 했지만 바느질 솜씨가 어느 정도인지는 잘 모른다. 그러나 그 아이는 학교 시절부터 자기 나름의 묘한 스타일로 옷을 입고 다녔다. 오빠 코트, 아빠 스웨터, 엄마 치마…… 이것저것 손에 잡히는 대로 걸친다.

옷이 없어 그러나보다 싶어 돈을 줘도 제 옷은 잘 사지 않는 것 같았다. 구두쇠 아비를 닮았는지 옷에 관한 한 돈을 안쓴다. 자기가 걸치면 반코트가 돼 버리는 아비 T셔츠를 입고도 좋아라고 깔깔대며 외출한다. 그 아이를 보고 있노라면 배짱 하나 좋다.

나는 그럴 수 있는 딸아이가 좋다. 그렇게 입고도 잘 어울리는 것 또한 신기하다. 자기 개성이요 자기 창조다.

아무래도 우리 한국 부모의 애들 사랑은 좀 지나치다. 요구하면 다 사준다. 하나를 요구하면 아예 한 세트로 사준다.

선물세트에는 필요 없는 것도 많이 끼어 있다. 한 번도 안 쓰는 것들이지만 구색을 갖추기 위해서도 끼워 넣어야 하고, 또 그래야 한국 고객이 산다는 것이다. 책을 사도 전집이다. 무엇이 우리 아이에게 필요한 책인지 생각 않고 한 질로 사준다. 그것도 새

책으로 말이다. 아예 책장까지 새것으로 만들어야 할 판이다. 웬만한 아이는 보기만 해도 질려 책 한 권 꺼내 볼 엄두가 날 것 같지 않다.

필요한 것만 골라 아이와 의논해서 사주어라. 그리고 새 책보다 헌 책이 좋다. 값을 따지자는 게 아니다. 헌 책에는 그 전에 읽은 사람의 낙서도 있고 밑줄 친 부분도 있다. 보충설명을 적어 놓은 데도 있다. 이런 것들이 많은 참고가 될 수 있다. 책에 쓰인 내용보다 그 전 주인의 이런 구석이 더 많은 생각을 제공해 주는 것이다.

외국 대학에선 교수가 읽던 책을 물려받는 것이 제자로서 가장 큰 영광이다. 아버지가 감명 깊게 읽던 책을 물려주는 것도 아버지의 생각과 비교해 보는 계기도 될 것이고, 책을 통해 좋은 대화도 할 것이다.

주되 인색해야 하고, 또 무엇을 어떻게 줄 것인가도 생각하고 줘야 한다.

밝은 얼굴, 낙천적 사고
오늘 안되면 내일은 된다는 낙천성이 신화를 창조했다.

아이아코카의 신화는 어떻게 가능했을까? 침몰 직전의 크라이슬러를 회생시킨 그 비결은 무엇이었을까?

거기엔 많은 요인들이 작용했을 것이다. 하지만 주인공 자신은 회고록에서 그것은 아버지의 향일성, 낙천성에서 비롯된 힘이라고 술회하고 있다.

이탈리아에서 이민 온 아버지는 장사를 하다 실패하는 등 가난과 좌절의 연속이었다. 하지만 그는 언제나 낙천적이었다. 내일은 될 것이라고 믿고 있었다.

"날새기 바로 전이 제일 어둡다."

"아무리 어려운 때라도 언젠가는 사라진다."

자신은 물론이고 어린 아들에게도 항상 이 말을 강조하면서 어떤 난관에도 주저앉기를 거부했다. 어린 아이아 코카가 자라면서, 그리고 자란 후 실망의 늪에 빠질 적마다 그는 항상 아버지의 이 말을 되새기면서 새로 힘을 냈다고 한다.

오늘 안되면 내일은 된다는 이 낙천성이 후일 아이아코카의 신화를 창조한 원동력이 된 것이다.

흔히들 '무엇이든 노력이다'고 하지만 그러나 그보다 더 중요한 건 낙천성이다. 이들은 눈앞의 작은 이익에 연연하지도 않으며 당장 일이 안된다고 실망하지도 않는다. 항상 멀리, 앞을 내다본다. 내일은 잘될 것이라고 믿고 있기 때문에 어려운 여건 속에서도 항상 여유작작이다. 언젠가는 된다는 신념이 있기 때문이다. 아무리 급해도 먹을 것 다 먹고 잘 것 다 잔다. 해서 이런 성향은 단기전엔 불리할 지 모르지만 인생이라는 먼 여정을 생각한다면 절대 유리하다. 무엇보다 이들에겐 건강이 보장된다는 점이다. 생활에 여유가 있고 마음이 항상 밝기 때문이다.

음울하거나 초조한 얼굴이 아니다. 이들의 향일성은 주위 사람들의 마음까지 밝게 해준다. 단거리 선수는 아니다. 하지만 마라톤 체질이어서 쉽게 주저앉지 않는다. 길은 멀고 힘들어도 언제나 태양을 향해 달리고 있다.

한국 사람들은 이 점에서 대체로 낙제점이다. 세계에서 우리만큼 조급한 사람은 없다. 걸음도 세계에서 제일 빨리 걷고 밥도 초고속으로 먹어치운다. 한치를 뒤지랴 눈에 불을 켜고 설친다. 목전의 이익에 핏대를 올릴 뿐 먼 장기계획을 못한다.

우리 주변을 둘러보라. 모두들 근심스런 얼굴로 초조일색이다. 이래선 못 이긴다. 사람 한평생은 결코 짧은 것이 아니다. 이건 단거리 경주가 아니다. 마라톤이다. 눈앞의 한두 사람 제쳤다고 이기는 게 아니다. 한두 점 떨어졌다고 지나친 과민반응은 금물이다. 낙제한다느니, 밥벌이도 못한다느니 하고 협박해선 안된다. 그런 부정적 이미지가 머리에 박힌 이상 그 아이는 결코 여유로울 수 없다. 그저 쫓긴다. 공부를 해도 그렇게 안되기 위해 한다. 잘되기 위해, 밝은 희망을 안고 공부하는 아이들과는 차원이 다르다. 행여 구렁텅이에 빠지랴 걱정, 긴장 일색인 아이와 태양을 향해 겁없이 달리는 아이와는 정말이지 하늘과 땅 차이다.

아이들 페이스에 맞춰야 한다. 한두 사람 제친다고 1등으로 골인하는 것도 아니다. 관중을 의식해서 오버 페이스하다간 결국 중도 탈락할 수밖에 없다. 1등을 못해도 완주하는 편이 낫지 않은가.

멀리 앞을 보고 태양을 향해 달려야 할 아이들이다. 이런 아이들 앞에 작은 일에 실망하는 모습을 보여선 안된다. 사업이 안된다고 밤마다 술타령이나 하는 아버지, 한숨이나 짓고 앉은 어머니라면 온 집이 우울한 그림자로 어두워진다. 그런 부모 밑에 자란 아이에게 낙천성, 향일성을 기대할 수는 없는 일이다.

부도가 나서 살던 집을 내주고 셋방으로 쫓겨나야 하는 경우도 있다. 철든 아이라면 함께 걱정하는 것까진 좋다. 하지만 실망, 좌절하는 빛을 보여선 안된다. 이것은 부모로서의 기본적인 의무다.

아버지는 최선을 다 했지만 사업이 이렇게 되었으니 함께 이 난국을 이겨내야 하는 굳은 결의를 보여야 한다. 재기할 수 있다는 신념을 보여야 한다. 그게 영영 물거품이 되는 한이 있더라도 살아 있는 한 그 신념을 포기해선 안된다. 적어도 아이들에게 그런 나약한 모습을 보여선 안된다. 술이나 마시고 신세타령이나 하고 아이들 앞에 짜증이나 부리는 아버지도 없지 않다. 이걸 못 견뎌 가출한 여고생도 있었다.

순이의 경우다. 아버지 회사가 부도나자 셋방 신세가 되었다. 순이는 무엇보다 친구들 앞에 자존심이 상했다. 하지만 그보다 견딜 수 없는 건 아버지의 나약한 모습이었다. 대낮부터 술타령이었다. 순이는 그 이상 견딜 수 없었다.

끝내 가출, 호스티스가 되어 방탕한 생활이 시작되었다. 꿈 많던 여고시절을 뒤로 하고 그는 밤거리의 꽃으로 전락해 버린 것이다. 그것은 아버지 사업의 실패가 부른 비극은 아니었다. 그런 상황에서 정신적으로 몰락한 아버지의 모습이 더 문제가 된 것이다.

'아무리 어려운 때라도 언젠가는 지나간다'는 신념을 아이들에게 심어 주지 못했던 것이다. 바닥에 떨어진 이상 이젠 더 떨어질 게 없다. 앞으로는 올라가는 일밖에 남은 게 없다. 재기할 수 있다는 신념을 아이들에게 심어줬어야 했다.

어려운 상황일수록 아이들에겐 밝은 내일을 향해 달릴 수 있는 낙천성을 길러줘야 한다. 이것 없이 성공은 없다.

실제로 아이들은 낙천적으로 타고난다. 아이들의 천진난만한 모습을 지켜보노라면 내 말에 과장이 없음을 실감할 수 있을 것이다.

티없이 밝게 태어난 아이들에게 부모가 하는 일이란 게 고작 근심, 걱정거리를 심어 주는 일이다. 나쁜 아이다, 낙제한다, 야단맞는다, 혼난다, 쫓겨난다, 거지 된다……

온종일 이런 소리를 듣고 자란 아이가 어떻게 될 것인가. 그것도 이 세상 누구보다 믿는 엄마, 아빠가 하는 말이라고 상상해 보라. 낙천적 기질이 싹 가시고 말 것이다. 온통 세상이 근심, 걱정뿐이니 살맛도 없을 것이다. 무슨 일을 하려고 해도 불안하고 자신이 없다. 우울하다.

정신과 임상에선 이런 아이를 자주 만나게 된다. 그리고 그 부모를 만나면 이 아이가 이렇게밖에 될 수 없겠구나 하는 생각을 하게 된다.

그런가 하면 참으로 밝은 아이들도 많다. 바라만 봐도 내 기분이 좋은 그런 아이 말이다.

당신이 사장이라면 어떤 사람을 사원으로 뽑겠습니까? 아이는 밝게 낙천적으로 길러야 한다.

거꾸로 하는 공부
싫은 아이에게 강요를 하다보면 거짓말쟁이, 변명꾸러기를 만든다.

유치원에서 시작하여 초등, 중학, 고등, 대학 그리고 석사, 박사과정까지 공부는 멀고도 지겨운 외길이다.

지름길도 없고 급행도 없다. 한 계단 두 계단 착실히 밟고 올라가야 한다. 한눈 팔아도 안된다. 옆길로 가도 물론 안된다. 오직 공부 하나만을 위해 전력투구해야 한다. 학교 월말고사를 위시해서 입학, 졸업시험 등 수많은 고비를 무사히 넘겨야 하기 때문이다. 욕심 같아선 재수 한번 없이 모든 관문을 무사 통과했으면 하는 마음 간절하다. 기왕이면 선두 그룹에 끼어 시원히 달려줬으면 좋겠다.

모든 부모는 이러기를 빈다. 그러기 위해 어떤 후원도 아끼지 않는다. 아이가 수험공부를 시작하면 온 집안이 전쟁 치르는 분위기로 휩싸인다. 체면치레고 뭐고 뒷전이다. 손님 한 번 못 청한다.

지내놓고 보면 우리가 얼마나 아이의 수험준비에 매달렸던가, 후회도 없지 않다. 하지만 그때는 모른다. 합격 이외엔 눈에 보이는 게 없다. 완전히 거기에만 집착되어 현실 판단조차 옳게 하지 못한다. 모든 수단을 동원한다. 수험 전쟁은 이렇게 사람을 사람

같지 않게 만든다. 비인도적이요 반도덕적이다. 그래도 우리 모두는 오직 이 길밖에 없는 걸로 굳게 믿고 있다.

선두 그룹은 떨어질까 조마조마하고 중위 그룹은 더 안 올라가 애를 태운다. 하위 그룹이라도 포기하진 않는다. 어떻게든 중위 그룹에 끼어 전문대라도 갈 수 있었으면 하는 바람이다.

부모의 욕심은 한결같지만 불행히 아이는 저마다 다르다. 쉬지 않고 잘 뛰는 놈도 물론 있다. 그런가 하면 슬슬 걷는 놈, 아예 주저앉아 버린 아이도 있다. 아주 옆길로 빠져버린 아이도 있다. 어떻게 하면 녀석이 중위 그룹에라도 낄 수 있을까. 회유, 설득, 협박, 조작…… 온갖 묘수를 다 부려본다.

시중엔 그런 책도 많이 나와 있다. 어떻게 하면 성적을 올릴 수 있는가에 대한 구체적인 상담 사례까지 들어 친절한 설명을 해주고 있다. 경우에 따라 도움이 될 수도 있을 것이다.

그러나 중요한 것은 잔재주나 기술이 아니라 부모의 철학이다. 자율과 책임을 가르치는 게 얼마나 더 중요한 일인가를 깨달아야 한다. 공부가 끝난 먼 훗날을 위해 하는 이야기만은 아니다. 눈앞에 닥친 공부도 자율적으로 할 수 있는 날까지 기다려야 한다. 뒤꽁무니에 처져서 어슬렁거리다가도 일단 해야겠다는 자각이 생기면 그때부터는 무섭게 하는 아이들도 많이 본다.

요는 아이의 자각이다. 자율적으로 해야 한다는 자각이다. 하지만 그게 언제 생기느냐 하는 것이다. 그렇게 철이 들 때까지 어떻게, 언제까지 기다려야 하는가고 항의할 수도 있다. 공부에는 때가 있는 법인데 철이 든 다음엔 이미 때가 늦다. '만학'이라지만 그게 어디 쉬운 일인가. 그러니 다그쳐야 한다. 억지로라도 시켜야 한다. 다그쳐 될 일이면 그렇게 해야겠지. 하지만 싫은 걸 억지로 시키려다 보면 아이와의 사이만 나빠진다. 거짓말을 하게 되고 변명투성이의 아이로 된다.

시간을 갖고 기다려야 한다. 속이야 타겠지만 기다릴 수 있어야 한다. 아이에게 자각이 생기기까지는 시간이 걸린다. 발전 속도도 물론 더디다. 그래도 그렇게 길러야 한다. 아주 어릴 적부터 그렇게 길러야 한다. 참고 기다리는 여유가 있어야 한다.

물론 이건 쉽지 않다. 조금만 거들어주면 당장 성적이 오르는데 왜 대답하게 기다려? 재촉하고, 때론 숙제도 거들어준다. 아예 대신 해주는 친절한 엄마도 있다.

점수 한두 점이야 더 받겠지. 선생한테 야단 맞지도 않겠지.

하지만 아이의 30년 후를 생각해 보자는 거다. 의타심과 자율심 — 당신은 어느 쪽이 더 중요하다고 생각하나요?

눈앞의 한두 점보다 먼 훗날을 생각해 보자. 숙제를 못했으면 선생한테 야단도 들어야 한다. 못해도 제 힘으로 해야 한다. 그것이 자기 한 일에 대한 책임을 가르치는 일이다. 학교에서 숙제를 내는 건 학업보다 아이에게 책임과 자율을 가르치기 위해서다. 그걸 부모가 대신해 준다면 비싼 돈주고 학교는 왜 보내?

묻지도 말고 재촉도 말라. 숙제는 제가 알아서 할 일이다. 엄마가 그것까지 챙겨 줘선 안된다. 자율성, 독립심은 인생에서 무엇보다 확실하게 터득해야 할 중요한 과제로서, 이것들은 아주 어릴 적부터 길러져야 한다. 그리고 이것은 전적으로 부모의 교육철학에 달려 있다.

즉각적인 효과보다 먼 훗날을 생각하며 기다려야 한다. '대기만성'이란 의미를 잘 음미하면서 기다려야 한다.

부모의 도움, 과잉 친절로 학교시절 줄곧 선두주자로 달려온 20대 후반의 사장이었다. 명문대를 졸업하자 곧장 아버지가 물려준 중소기업 사장으로 뛰기 시작했다.

아버지가 착실히 닦아놓은 기반 위에 처음 몇 해는 잘 되어갔다. 그러나 마의 고비가 닥쳐왔다. 노사분규였다. 그것은 처음 당해보는 시련이었다.

경찰을 불러 해결해 보겠다는 것이 사태를 더욱 악화시켰다. 그는 분쟁의 와중에 외국으로 줄행랑쳤다. 간부들에게 사태수습을 맡겼지만 사장 없이는 될 일이 아니었다. 농성이 장기화되면서 결국 회사는 문을 닫아야 했다. 남은 건 쌓인 빚 그리고 노임 체불로 인한 쇠고랑이었다.

비극의 주인공은 젊은 사장이지만 이 비극을 연출, 감독한 것은 그의 부모였다.

자율심, 책임감을 길러주는 것이 얼마나 중요한 일인가를 잘 보여준 사례다.

대입, 그 이후
부모의 이해와 도움이 정녕 필요한 건 오히려 대학입학 이후부터이다.

대입 관문을 통과한 건 이제 겨우 준비 운동이 끝났다는 뜻이다. 정작 경주는 지금부터다. 이제 본선 출전 티켓을 딴 것이다. 진짜 시합은 지금부터다.

불행히 많은 부모는 여기서 손을 턴다. 책임완수다. 예선을 치르느라 지친 탓도 있겠지만, 그로써 부모가 할 일은 모두 끝이 난 양 오해를 하고 있다.

이젠 아주 안심하고 풀어놓는다. 아이가 시위에 쫓기든 동아리에만 정신이 팔려 다니든 상관 않는다. 불건전한 이성교제, 때론 사이비 종교에 빠지고, 또 어떤 아이는 술과 광란의 음악에 빠져 허우적거린다.

그간의 통제와 압박 속에서 짜여진 스케줄에 따라 기계처럼 움직여온 아이들이다. 이제 고삐가 풀렸으니 아주 방종으로 치닫는다. 정신을 못 차린다. 주체할 수 없는 자유는 아이들을 혼란과 방황 속으로 몰아 놓는다.

한 학기가 끝나 정신을 차려보면 온통 F학점 투성이다. 심한 좌절과 충격으로 아주 대학을 포기하는 아이도 있다.

설익은 이념운동에 미쳐 마치 애국지사나 된 것처럼 열을 올리고 다니는 학생, 극한 투쟁으로 과격운동을 하는 학생 중엔 불행히 이러한 자포자기적 학생도 적지 않다는 사실을 주목할 필요가 있다. 입학의 흥분에 들떠 다니다 학사경고, 그리곤 곧장 휴학을 하지 않으면 안되는 학생도 있다.

이러한 적응상의 문제는 대학 신입생에게 흔히 있는 일이다. 고등학교까지는 시키는 대로 하면 되지만 대학부터는 모든 걸 자신이 선택해야 한다. 학점 신청에서부터 친구, 동아리 등 모든 걸 자신의 결정에 따라 선택하지 않으면 안된다.

성격이 소극적이고 의존적인 아이들에겐 이러한 자율적인 선택이 쉽지 않다. 거기다 인생관, 철학관의 정립 등 삶의 문제에 봉착하게 된다. 정체성의 혼란과 함께 이들은 감당하기 어려운 갈등과 방황의 와중에 휩쓸리게 된다.

부모의 조언, 부모의 이해가 정녕 필요한 때가 바로 이즈음이다. 인생의 선배로서 그리고 경험자로서의 이야기를 들려줄 수도 있다.

불행히 한국의 부모는 대학에 간 아이에겐 관심이 없다. 없다기 보다 으레 잘 하려니 하고 과신하는 경향이 있다. 하긴 들어가기만 하면 나오기는 쉬운 게 한국의 대학이다.

고등학교까지는 대단히 열성이다. 극성이라는 표현이 걸맞다. 학교에도 자주 간다. 작고 큰 봉투를 들고 뻔질나게 드나든다. 하지만 내 충고는 그런 정성의 반만이라도 대학에 다니는 아이에게 쏟으라는 이야기다.

선생을 찾으려면 대학교수를 찾아야 한다. 왜냐하면 그는 앞으로 아이의 인생을 이끌어 주고 지도해 줄 사람이기 때문이다. 졸업 후에도 대학교수는 내 직업을 갖고 있는 이상 평생을 자문해 준다. 모르는 일, 전문적인 조언을 구해야 하는 경우도 물론 대학 교수다. 고등학교까지는 사제지간이란 정이지만 대학교수와는 기능적으로 유용한 관계다.

내 경험 한 토막을 들어보면 이해가 갈 것이다.

내가 대학교수이던 시절이었다. 간호 전문학교에 다니는 학생의 어머니로부터 전화가 왔다. 아이가 특강을 듣고 너무 감동한 나머지 꼭 저녁초대를 하고 싶어한다는 내용이었다. 나는 쾌히 승낙했다. 사실이지 감동한 건 내 쪽이었기 때문이다. 대학교수 생활 5년에 학부모로부터 저녁 초대 받아본 건 그게 처음이요 마지막이었기 때문이다.

갈비에 냉면 대접이 전부였다. 그러나 그날 이후 난 이 학생을 지켜보지 않을 수 없었다. 병원 실습할 때도 그랬고, 졸업 후 간호사로 취직하고서도 그랬다. 내겐 관심의 대상이었다. 난 그 학생에게서 어딘가 남다른 인간적 매력을 느끼고 있었다.

그가 병원에 취직할 때나 미국에 가고 싶다는 이야기를 들었을 때도 적극적인 후원자가 되었다. 미국에 있는 동창을 통해 그의 취직, 간호대학 편입 등 내 힘은 절대적이었다.

이제 그는 미국에서 의젓한 중견 간호사로 활동하고 있지만 어려운 일이 있을 적마다 나한테 제일 먼저 의논해 온다.

그의 오늘이 있기까지엔 그 엄마의 냉면 한 그릇이 큰 몫을 해낸 것이다.

대학엔 수많은 학생이 있다. 어떻게든 교수의 관심을 끌어야 한다. 그리고 관심을 갖고 학생을 지켜볼 수 있게끔 만들어야 한다. 대학 문을 나서기 전 어쩌면 이런 교수 한 분을 만든다는 건 무엇과도 바꿀 수 없는 중요한 과제라고 할 수 있다.

학점보다 더 중요한 건 한 사람의 교수가 자기에게 관심을 가져주는 일이다. 평생을 통해 좋은 조력자가 되어줄 것이다.

공부하라고 간섭하고 싶거든 대학에서부터 해라. 이젠 철이 들었으니까 무턱대고 반항도 하지 않을 것이고, 좀 무리를 해서 밀어붙인다고 쓰러지지도 않을 것이다.

정말 관심을 가질 때는 대학입학 이후부터다.

그늘로 키운다
꾸중 한 번 하신 적 없었건만 아버지는 왜 그리 무서우셨던지…

내가 어떻게 문제아가 되지 않았을까? 정신과 공부를 하면서 줄곧 떠오르는 이 의문을 난 아직 시원히 풀지 못하고 있다. 정신과 책에 쓰인 대로라면 난 영락없이 문제아가 되었어야 옳은 일이었다. 그렇게 될 여건들을 골고루 갖추어 태어났기 때문이다. 우선 7남매의 둘째라는 것도 위험요인이다. 거기다 난 천성적으로 설쳐대는 기질이어서 옆 사람까지 불안하게 만들었다. 노는 데 정신이 팔려 점심도 굶기가 일쑤였다. 그렇다고 누구 하나 밥 챙겨 먹일 생각을 못했다. 워낙 대가족이었기에. 하긴 누가 먹었는지조차 몰랐을 것이다. 애 하나쯤 어디서 무엇을 하는지 관심을 가질 수도 없는 집안 분위기였다. 해가 지고 공이 안 보여야 겨우 절름거리는 다리를 끌며 돌아오지만 누구 하나 거들떠보지 않았다. 며칠 친구 집에서 자고 와도 그뿐이었다.

　동네 개구쟁이 노릇은 다 하고 다녔다. 담을 타고 지붕 위를 돌아다녔다. 해서 비만 오면 온 마을 아줌마들이 우리 집으로 항의하러 몰려오곤 했다. 비가 샌다는 것이었다. 박덩굴을 밟아 말라 죽였다는 항의도 물론 있었다. 우리 엄마 회고담에 의하면 이웃 아줌마가 대문에 들어설 때마다 가슴이 철렁 내려앉곤 했다고 한다. 또 무슨 짓을 저질렀을까, 항상 조마조마하고 죄인 같은 심정이었다는 것이다.

　한데도 이상한 일이었다. 그런 와중에도 아버지는 말이 없으셨다. 행여 저 항의소리를 아버지가 들으랴, 가슴이 조여왔다. 하지만 끝내 아무 일은 없었다. 난 아버지한테 꾸중 한 번 들어본 적이 없다. 그렇다고 말로 곱게 타이르는 그런 아버지도 아니었다. 옳다, 그르다고 가르친 적도 없다. 요즈음 말로 부자간의 대화란 게 도대체 없었다.

　그렇다고 방임이냐? 그것도 천만에다. 우리는 어느 한 순간 아버지를 의식 않고 살아본 적이 없다. 동네 어귀에 개 짖는 소리만 들어도 우리는 아버지의 귀가를 알 수 있었다. 전쟁터 같던 온 집안이 조용해진다. 그만큼 무서운 호랑이였다. 꾸중 한 번 들은 적도 없는데 왜 그리 무서웠던지, 생각만 해도 정신이 아찔하다.

　설교도, 설득도, 꾸중도 없었지만 칭찬 역시 들어본 적이 없다. 사실 난 칭찬들을 일도 곧잘 하곤 했었다. 사교성이 뛰어나 사람들의 귀여움을 받았고, 공부도 노는 데 바쁘긴 했지만 언제나 우등이었다. 운동회날이면 운동장의 상은 다 타왔다. 그래도 아버지는 언제나처럼 그저 그랬다. 무엇으로 키웠을까? 내 의문이 이해가 갈 것이다. 책대로 라면 야단도 치고, 칭찬에도 인색하지 말아야 한다. 옳고 그르고를 가려줘야 하고 사랑으로 감싸야 하는 걸로 돼 있다. 하지만 내 기억에 아버지와 함께 구경 한 번 가본 적도 없고 안겨본 기억도 없다. 어쨌든 난 그런 대로 자랐다. 이른바 문제아가 되진 않았다는 사실이다.

무엇이 이 위험한 아이를 지켜 준 것일까? 아버지는 무엇으로 가르친 것일까?

그건 아버지의 그늘이었다. 칭찬도 꾸중도 아닌, 그늘로 키운 것이다. 말로 하지도 않고 눈으로 하지도 않았다. 당신의 그 짙은 그늘로 나를 가르친 것이다.

초등학교 1학년 때로 기억된다. 대구 비행장의 서쪽 끝에서 동쪽 끝으로 오가는 통학길이었다. 먼저 간 아이들로부터 학교에서 주머니 검사를 한다는 정보가 들어왔다. 야단이었다. 어디다 숨겨야 할 텐데. 난 허둥지둥 5리 길도 넘는 집으로 다시 달려왔다. 급한 대로 툇마루 밑에 나의 전 재산을 숨겼다. 그리고 기어 나오는데, 이걸 어찌하나. 저만치서 아버지가 이쪽으로 오고 있지 않은가? 가슴이 덜컥했지만 난 못 본 체하고 쏜살같이 학교로 달려갔다. 영 마음이 편치 않았다. 허둥대느라 여물게 감추지 못한 게 찜찜했다. 동생들이 호시탐탐 노리고 있을 텐데, 그 보물들이 발견되는 날 난 아주 파산이다. 하지만 그보다 더 걱정은 역시 아버지였다. 구슬·팽이·딱지를 비롯해서 1급 금기품은 다 들어있었기 때문이다. 이게 아버지한테 발각되는 날, 난 정말이지 끝장이다. 차라리 선생님한테 야단맞을걸. 여우를 피하려다 호랑이를 만나게 되었으니!

그런 날, 공부가 제대로 될 배짱은 누구에게도 없을 것이다. 왜 그날 따라 시간은 그리 긴지, 내 정신은 온통 그 보물함에 쏠려 있었다.

드디어 학교가 끝났다. 난 미친듯이 집으로 달려가야 했다. 영 불길한 예감이 들었다. 뒷마루로 갔다. 조마조마했다. 내 운명이 결정되는 순간이다. 이상한 낌새가 들었다. 그 비밀의 장소에 사람 손이 스쳐 간 흔적이 보였기 때문이다. 디딤돌 뒤에 헌 가마니 짝이 덮여 있었던 것이다. '아침엔 없었는데……' 올 게 왔나보다. 가슴이 철렁했다. 난 떨리는 손으로 가마니를 치웠다. 한데 이게 웬일인가. 영롱한 구슬하며 손때 묻은 딱지가 고스란히 거기 놓여 있지 않은가, 후유 — 온 세상을 얻고도 그렇게 신나진 않을 것이다.

난 잃어버린 보물들을 다시 주머니에 챙겨 넣기 시작했다. 한데 누가 덮어준 것일까? 이건 틀림없이 동생들의 습격에 대비해서 한 일이다. 누구일까?

난 잠시 손을 멈추고 생각에 잠기지 않을 수 없었다. 뒤뜰은 사람이 잘 오는 곳이 아니다. 오늘 아침엔 더구나 아무도 없는 걸 확인하고 숨겨두지 않았던가. 본 사람이라곤 마지막 순간의 아버지뿐이다.

그렇다면 아버지가? 생각이 여기에 미치자 순간 온 몸이 얼어붙는 충격에 빠졌다. 얼마간의 시간이 흘렀을 것이다. 차츰 얼굴이 화끈거리고 가슴이 방망이질하기 시작했다. 이건 어린 가슴으로는 감당하기 어려운 충격이요 감동이었다. '아버지였구나' 난 몇 번이고 그렇게 중얼거리고 있었다.

　그날 오후 내가 또 무슨 짓거리를 하고 쏘아 다녔는지는 잘 기억이 나지 않는다. 하지만 난 그날 저녁상을 앞에 한 아버지의 표정을 훔쳐보느라 정신이 없었던 것을 지금도 똑똑히 기억하고 있다. 역시 아버지는 아무 표정이 없었다. 으레 그랬듯이 내 쪽은 거들떠보지도 않았다. 여느 때처럼 그저 그랬다. 물론 말 한 마디 없었다. 내 가슴은 고동치고 있었지만 방안의 식구들은 여느 때처럼 그렇게 저녁을 먹었다.

　야단을 칠 수도 있었을 것이다. 그런 걸 갖고 다니면 못쓴다고 한 마디 할 수도 있었을 것이다. 하지만 아버지는 멀찌감치서 그저 지켜보고 계셨던 것이다. 스스로가 해답을 얻을 때까지, 개구쟁이 지겨운 세월을 지켜보고 계셨던 것이다.

　말은 없었다. 하지만 우리는 많은 교훈을 읽을 수 있었다. 안겨본 적도 없지만 아버지의 훈훈한 체온을 느낄 수 있었다. 아버지의 짙은 그늘 속에 칭찬도, 애정도 그리고 엄한 꾸중도 모두가 강물처럼 녹아있었던 것이다. 그 그늘로 우리를 키운 것이다.

실수가 약이 되게
깜박 도시락을 잊고 간 아이 — 당신은 어떻게 하겠습니까?

진희가 그때 대여섯 살은 되었을 게다. 말이 질녀지 미국에서 태어나 거기서 자란 만큼 행동거지는 미국 아이 그대로다. 우리는 근처 실버타운이라는 명소로 구경을 갔었다. 방학이라 많은 사람들로 붐볐다. 공연장, 동물원, 온갖 놀이 시설들이 꽉 들어찬 공원은 마치 요술집 미로와도 같았다.

나무 그늘에 자리를 잡고 잠시 쉬는 동안 진희는 근처 가게에 아이스콘을 사러 갔다. 한참을 기다려도 아이는 돌아오지 않았다. 줄을 서 차례를 기다리려니 하고 좀더 있어 보았지만 아이는 영 나타나지 않았다.

길을 잃은 게 아닐까? 걱정이 돼 물었지만 막상 동생 내외는 태연했다. 여길 못 찾으면 미아보호소에서 기다릴 거라는 것이다. 그래도 내 얼굴이 걱정스레 보였던지 '이 안에서는 갈 데가 없어요' 하고 한 마디 덧붙였다.

이 무슨 배짱인가. 그리곤 쉴 것 다 쉬고는 슬금슬금 근처 가게를 기웃거려 봤다. 역시 없었다. 그러자 가까운 미아보호소를 찾아갔더니 거기에도 길 잃은 아이가 많았다. 한데 세상에 이 무슨 변고인지, 우는 아이가 하나도 없더라는 사실이다. 겁에 질린 녀석도 없고 부모를 기다리느라 눈을 두리번거리는 녀석도 없었다. 모두 노는 데 정신이 팔려 있었다. 토끼를 꼭 껴안고 있는 녀석도 있었다. 진희도 그 속에 끼어 있었다. 진희! 하고 큰 소리로 부르니까 그제서야 깡총거리고 뛰어 나왔다. '좀 더 늦게 왔더라면 이것도 마저 먹으려고 했는데……' 하며 다 녹아빠진 아이스 콘 한 개를 내밀었다.

참으로 알 수 없는 아이였다. 우리 나라 어린이 공원의 미아보호소 풍경과는 판이하게 다르다. 여기는 아주 울음의 합창이 벌어진다. 겁에 질린 아이가 말도 못한 채 부들부들 떨고 있다. 아이를 놓친 부모도 정신이 없다. 당황해서 어쩔 줄 모른다. 길 잃은 아이가 어떤 꼴이 될 것인가를 알기 때문이다. 울고불고 야단이 났을 것이다. 그 어린것이 얼마나 당황할까? 어디선가 혼자 울고 섰을 텐데…… 이것저것 생각하면 안쓰럽기 그지없다.

문제는 여기 있다. 부모가 그렇게 생각하니까 아이가 그렇게 된다.

길을 잃어도 녀석은 당황하지 않을 것이다. 근처의 경찰 아저씨를 찾아갈 것이다. 안전한 곳에 보호되어 우리가 찾아갈 때까지 차분히 기다릴 것이다.

만약 당신 생각이 이렇다면 그 집 아이도 틀림없이 그 위기 상황을 침착하게 대처해 나갈 것이다.

그래 이건 위기다. 인파 속에 부모를 놓친다는 건 그게 아무리 공원이라 해도 아이에겐 충격이다. 어른도 그럴진대 하물며 철부지 아이랴. 하지만 여기서 아이의 그릇이 판가름난다. 평소에 자신 있게 키웠다면 그런 위기에도 당황하지 않고 차분히 상황을 분석, 문제점을 파악하고 적절한 해결책을 강구할 수 있는 능력이 있을 것이다.

위기란 위험하지만 한편으론 기회가 될 수 있다는 사실을 상기해라. 한 인간의 그릇은 위기상황을 어떻게 대처하느냐에 따라 결정된다. 이게 소위 위기관리 능력이다. 잘 되어 가는 회사 사장은 누구라도 할 수 있다. 문제는 회사가 위기에 직면했을 때의 사장의 능력이다. 평소엔 유능, 무능간에 별 차이가 안난다. 졸장부냐, 대장부냐 인물의 크기도 가늠할 수 없다. 그러나 대물은 위기에 처했을 때 그 진가를 발휘한다. 사람이 빛날 때는 이런 순간이다. 이럴 때 주위 사람으로부터 인정을 받는다. 출세도 그래서 한다. 난세에 영웅 난다는 소리도 그래서 나온 말이다.

위기란 훈련하기 나름이다. 이게 잘돼 있으면 여느 때처럼 차분하게 대처할 수 있게 된다. 아이들에게 위기란 그가 실수를 저질렀을 때의 순간이다. 장난치다가 이웃집 유리창을 깼다든가, 혹은 친구가 다친다든가 하는 순간 아이들은 당황하기 마련이다. 놀라 달아나는 녀석도 있고, 어쩔 줄 몰라 그만 울기만 하는 놈, 겁먹은 나머지 부들부들 떨기만 하는 놈, 내 탓이 아니라고 시치미를 떼는 놈…… 아이들마다 그 반응이 다를 것이다. 아이의 성격이나 개성 그리고 부모의 평소 태도에 따라 아주 달라진다.

어느 아이든 실수는 저지른다. 아이는 실수의 대명사다. 문제는 그 뒷마무리를 어떻게 하느냐다. 그건 전적으로 부모의 태도에 달려있다.

실수의 책임

깜빡 도시락을 잊고 간 아이 — 당신은 어떻게 하겠습니까? 설마하니 도시락을 들고 점심시간에 학교 담을 기웃거릴 작정이야 아니겠지. 제발 이것만은 말아야겠다. 그렇다면 아이를 굶기란 소리냐? 최악의 경우 굶을 수도 있겠지. 아무런 해결 방안을 모색하지 못하는 아이라면 굶을 수밖에 없을 것이다. 그렇게 융통성 없는 아이라면 한 끼 굶게 내버려둬야 한다. 그래야 다음 번에 같은 실수를 되풀이하지 않을 테니까.

실수에 대한 해결능력이 전혀 없는 아이라면 아예 실수를 저지르지 않게 용의주도해야 한다. 그런 훈련을 위해서도 한 끼쯤 굶어야 한다. 요즈음 아이들 한 끼 거른다고 영양실조 걸리지 않는다.

절대 굶을 수 없다는 아이라면 문제해결을 위해 머리를 써야 한다.

엄마에게 갖다 달라고 전화를 할까? 이 시간에 안 계실 텐데. 그러면 어쩌지? 형 도시락을 좀 나눠 먹을까? 반 아이들한테 십시일반으로 한술씩 얻어먹을까? 이런 경우를 생각해서 용돈을 남겨뒀어야 하는 건데. 라면 사먹을 돈도 없으니 선생님께 좀 빌려 달랠까? 야단치시겠지? 아니면 학교 근처 고모님 댁에 가서 얻어먹을까? 평소에도 나를 아껴 주시니까 반가워하실 게다.

별 궁리 다할 것이다. 온갖 방법을 모색하게 될 것이고, 나름대로 좋은 방법인지 아닌지를 검토하게 될 것이다.

이런 위기를 대비해서도 평소에 반 아이들은 물론 형과도 싸우지 말아야겠다, 고모님과도 친하게 지내고 용돈도 함부로 써선 안되겠다 — 당장 눈앞의 문제뿐만 아니라 평소에 해두어야 할 일까지 생각하게 된다. 아이가 성장하는 데 이런 기회보다 더 좋은 계기가 또 있을 까? 실수를 통해 아이가 성장한다는 말이 거짓이 아니다.

잊고 간 도시락을 갖다 줘? 그 작은 엄마의 친절이 아이 성장에 얼마나 큰 방해 요인이 되는 가를 몇 번이고 되새겨봐야 한다.

숙제하라고 독촉하는 엄마도 마찬가지다. 노는 데만 정신이 팔린 아이라면 한 번쯤 주의를 환기시키는 정도라면 좋다. 그러나 빨리 숙제하라고 다그치지는 말아야 한다. 어떤 엄마는 옆에 붙어 앉아 이것저것 도와준다. 시간이 다 되면 그만 엄마가 급해진다.

"애! 비켜" 그리곤 아예 엄마가 대신해 준다. 그래야 선생님 꾸중을 면할 테니까. 세상에 이럴 수가…… 애가 숙제를 안했다면 당연히 꾸중을 들어야지, 그게 무서워 엄마가 대신 해주다니. 자기가 한 실수라면 자기가 책임을 져야 한다. 꾸중도 들어야 하고 벌도 받아야 한다. 선생 꾸중에 아이보다 엄마가 더 겁을 낸다. 숙제 안한 책임은 아이에게 있다. 할 일을 못다했으면 당연히 응분의 벌을 받아야 한다. 그래야 책임감이 생긴다.

실수는 안하는 게 좋다. 하지만 저지른 이상 거기에 대한 사후 수습은 자기가 책임지고 해야 한다.

아이에게 실수는 어쩔 수 없는 일이다. 그게 성장의 밑거름이 되게 해야 한다.

학력시대는 갔다
성적이라는 한 가지 자로 인간을 재는 무리와 모순을 없애자.

학생을 평가하는 유일한 척도는 학업성적이다. 월말고사도 그렇고 입시도 그렇다. 오직 성적이라는 자만으로 학생을 잰다. 인간의 수많은 가능성, 잠재력 가운데 오직 학업 성적만으로 평가한다는 게 얼마나 무리인가는 교육전문가도 익히 알고 있다. 하지만 현실적으로 그 길밖에 객관적이고 공정한 자가 없으니 어쩔 수 없는 일이다.

수면에 떠오른 빙산의 일각만으로 물 아래 잠긴 전체 모습을 운운할 순 없는 일이다. 성적이라는 자 만으로 학생을 평가하기엔 턱없는 일이다. 건강이라는 자도 있고, 사교성이라는 척도도 있다. 근면성, 정직성이라는 자도 있고 의리, 신뢰라는 자도 있다. 발명, 창조, 엉뚱한 공상력이라는 자도 있다.

아이를 평가하는 데는 수많은 자가 동원되어야 한다. 인간은 다원적이다. 너무도 많은 가능성과 잠재력으로 구성되어 있다. 따라서 어떤 분야에서 두각을 드러낼 것인지를 정확히 예측해 내기란 쉽지 않다. 거의 불가능하다는 게 옳을지도 모른다.

우리 나라에도 이젠 알려진 직업만도 3만 가지가 넘는다. 새로운 분야가 개척되고 사회가 복잡해지고 전문화 분업이 진전되면서 전혀 새로운 직업이 계속 늘어나고 있다. 우리 학교시절엔 컴퓨터란 말도 없었고, 개념조차도 없었다. 하지만 이젠 유치원 꼬마도 컴퓨터 앞에 앉아 장난을 치고 있는 세상이다. 세상은 그만큼 빨리 변해가고 있다. 따라서 10년, 아니 50년 후의 가능성을 무슨 자로 어떻게 잴 수 있다는 거냐? 지금 우리가 갖고 있는 어떤 척도로써도 미래사회에의 가능성을 예측할 순 없는 일이다. 수많은 자를 다 동원해도 불가능하거늘 어찌 학업성적이라는 한 가지 자로 한 인간의 장래를 평가할 수 있단 말인가. 참으로 어리석은 짓이다.

여기가 교육제도의 맹점이요 허점이다. 선진국에선 이를 보완하기 위해 여러 가지 측면이 고려되고 있다. 대학 입학도 시험이라는 한 가지 척도만으로 결정하지 않는다. 중고등 시절 지역사회 봉사활동, 그 지역 동창생의 보고, 집안의 내력까지 학생의 전인적 평가를 하고 있다. 서류전형이 끝나면 면접을 통해 그의 가능성, 잠재력을 발견하려고 노력한다.

지금까지의 학업성적보다 앞으로의 가능성을 더 중히 여긴다. 이런 모든 평가를 한 후 입학 여부를 결정한다. 물론 여기에는 평가자의 주관이 개입될 소지가 많다. 하지만 누구도 이의를 제기할 수 없게 완벽한 보장을 받는다. 그만큼 사회가 대학을 믿기 때문이다.

크게, 멀리 보는 자로 평가해야 한다. 현행 교육제도의 허점을 그대로 믿어선 안된다. 다른 분야에 무한한 천재성이 있는데도 성적만으로 아이를 평가하다 보니 형편없는 저능아로 취급받게 되고, 결국 아이는 심한 열등감에 빠져 좌초하고 만다. 이렇게 해서 수많은 천재들이 미처 피지도 못한 채 그대로 시들어버렸으리라고 상정해 보면 개인적으로나 사회적으로 큰 손실이 아닐 수 없다. 부모까지 여기에 말려들어선 안된다. 비록 학교에선 열등하다는 평가를 받더라도 그에겐 다른 가능성이 잠재해 있다는 사실을 간과해선 안된다. 학교 평가는 지극히 작은 한 부분의 평가라는 사실을 잊어서는 안된다.

'성적＝성공＝행복'이라는 공식에서 벗어나야 한다. 학교 성적이 곧 출세나 성공의 지표가 아니란 사실은 많은 원로 교육자의 체험에서 나온 말이다. 학교에서 성적을 올리기 위해 발휘되는 능력은 인간의 다원적 능력의 극히 일부분에 지나지 않기 때문이다. 공부 잘하는 능력 하나만으로 복잡한 능력을 유기적으로 발휘해야 하는 현대 사회에서 성공이나 출세가 보장될 순 없는 일이다. 설령 성공을 했기로소니 그게 곧 행복이 될 수는 더욱 없는 일이다.

리처드는 하와의 와이키키 해변의 유명한 하래쿠라니 호텔 식당에서 일하고 있다. 그는 오랜 세월 웨이터로서 일하면서 언젠가는 식당을 제 손으로 운영해 보고픈 꿈을 키워왔다. 천신만고 끝에 꿈이 이루어졌다. 하와이에서도 이름난 프랑스 식당을 인수할 수 있었다. 그는 흥분했다. 하지만 막상 식당 사장이 되고 보니 생각만큼 쉽지가 않았다. 새벽시장 보는 일에서부터 종업원 총감독, 세금, 장부관리 등 도저히 자기 능력으로는 역부족이라는 사실을 깨달았다.

그는 팔기로 결심했다. 요리사에게 식당을 넘기고 자기는 다시 웨이터로 그 식당에서 일했다. 자기에겐 역시 웨이터가 천직이었다. 그게 자기 능력에 맞고 적성에 맞는 일이었다. 그 정도 책임밖에 질 수 없다는 사실을 확인한 것이다. 그는 그 수입으로 독신 생활을 즐기는 데 전혀 아쉬운 게 없었다. 골치 아픈 일도 없었다. 그는 다시 옛날의 밝고 명랑한 웨이터로 돌아온 것이다.

하와이에 갈 일이 있거든 그 호텔에 들러 리처드의 일하는 모습을 지켜보라. 세계에서 몰려드는 까다로운 관광객들을 상대하는 그의 솜씨는 가히 일품이다. 그가 하와이 제일의 웨이터로 선정된 게 결코 우연이 아니다. 그의 천재성은 역시 웨이터에 있었던 것이다.

우리 한국은 지금 세계적으로 유례없는 학력 사회가 되어 버렸다. 학력, 성적이 곧 인생의 모든걸 좌우하게 돼버린 듯하지만 실제로 그렇지만은 않다.

공부 잘한다고 돈 잘 버는 것도 아니다. 학력이 높다고 월급 많이 받던 시대도 이미 지났다.

요즈음 건설현장에 가보라. 대학 출신의 감독보다 그 밑에서 일하는 기능공 월급이 더 많다. 책임도 더 무겁고 골치 아픈 일도 더 많고, 그러면서 보수는 턱없이 낮다. 비오는 날 늦게까지 남아 뒤치닥거리하는 사람도 감독이요, 비오는 날 혼자 나와 이곳저곳 비닐을 덮느라 끙끙거리는 사람도 감독이다. 그렇게 애쓴 보람도 없이 공사지연이라는 이유로 인사조치가 된다.

출세도 행복도 성적순이 아니라는 사실을 실감하게 될 것이다.

성적이라는 한 가지 자로 인간을 잰다는 게 얼마나 허망하고 바보스러운 짓인가.

도와주기 전에 열을 헤아려라
군 생활만은 혼자의 힘으로 하게 하자. 밀지도 말고 당기지도 말라.

도움의 손길은 함부로 내뻗는 게 아니다. 특히 자식 앞에선 참으로 신중해야 한다.

자전거나 스케이팅을 가르쳐보면 이 아이가 어떤 집에서 자랐는지를 쉽게 가늠할 수 있다.

과잉 엄마 밑에서 자란 아이는 우선 몸이 무겁다. 자꾸 기대기 때문이다. 혼자 박차고 나가질 못하고 계속 잡고 놓질 않기 때문이다. 넘어지랴 부들부들 떨기만 한다. 세상에, 자전거를 배우면서 한 번 넘어지지 않고 배우겠다니 어느 세월에 될 거냔 말이다. 스케이팅을 배우면서 멍 한 번 들지 않겠다면 차라리 안방에서 비디오나 보고 앉아 있는 게 낫다.

　최악의 경우 부러질 각오라도 돼 있는 아이는 과감하다. 혼자 박차고 나간다. 넘어지면 일어나고 그리곤 또 나간다. 이런 아이는 몸도 가볍다. 빨리 손을 놓고 저 혼자 해보려는 의지가 있기 때문이다. 한두 시간이면 거뜬히 배운다. 운동신경 탓이 아니다. 혼자 해보겠다는 의지의 문제다. 넘어지는 것쯤 각오하고 있는 아이다. '넘어지면 일어나면 되지!' 하는 가벼운 생각을 가진 아이들이다. 간단한 논리다. 너무나 당연한 이야기다. 넘어지는 것쯤 큰 문제가 아니다. 그것 때문에 행동이 위축되거나 주저되지 않는다.

　이들의 과감성, 결단성은 이 작은 데서 출발한다. 넘어지면 일어나면 된다는 이 습관이 몸에 배어 있기 때문이다. 울면서 엄마나 쳐다보고 기다리는 아이와는 차원이 다르다.

　내가 그 무서운 공군 훈련소에 입대한 것은 무더운 여름이었다. 군사훈련은 인간이 버틸 수 있는 극한의 대결장이다. 신체적으로 정신적으로 참으로 고된 나날이었다. 모두들 헉헉댔다. 이것이 군대구나 하는 실감이 났다. 그래도 기초과정이 끝난 후 면회 허용이 되면서 동기생들은 생기를 찾는 듯했다. 하지만 나를 찾는 면회객은 없었다.

　하긴 기다리지도 않았다. 우리 집이 원래 그러했기 때문이다. 그러니 서운할 것도 없고 실망할 것도 없었다. 나는 그저 덤덤했을 뿐이다. 외출도 허락됐지만 나는 나갈 형편이 못되었다. 당장 버스비도 없었지만 병영생활도 그런 대로 견딜 만했기 때문이다. 모두들 면회, 외출하고 난 다음 텅 빈 막사에 혼자 누워있는 기분도 나쁘진 않았다. 이건 자위도 아니요 무슨 값싼 동정을 자신에게 하고 있는 것도 아니었다. 난 그대로가 좋았다. 인생이란 걸 생각해보고 나를 돌아보는 좋은 계기가 되었다.

그러한 순간들은 내겐 참으로 소중한 체험이었다. 거기엔 승리감 같은 것도 작용하고 있었다. 혼자 버티고 이겨냈다는 자부심 같은 것도 있었으리라. 고된 훈련생활을 알몸으로 부딪쳐 감당해낼 수 있다는 자신감도 있었을 것이다.

사실 나는 우직할 정도로 열심히 했다. 시키는 이상으로 했다. 요령이나 부리며 쉽게 하는 동료도 없진 않았다. 하지만 난 어느 한 순간 그런 생각을 해본 적은 없었다. 부딪쳐 보고 싶었다.

나 자신을 시험해 보고 싶었다. 난 참으로 열심이었다. 오죽했으면 졸업식날 1등을 했다고 참모총장상을 받았을까? 군대 1등 하는 놈은 바보란 말도 있다.(남자세계에서 하는 소리다) 내가 그런 바보가 되고 싶어서 열심히 한 건 아니다. 힘든 훈련이기에 최선을 다해 부딪쳐보고 싶었을 뿐이다. 내 생애 짧은 훈련생활이었지만 그건 무엇과도 바꿀 수 없는 값진 체험이었다. 농도 짙은 삶이었다.

군 생활은, 특히 훈련기간은 내겐 대단히 좋은 자극이요 교훈이었다. 난 그래서 남자로 태어나 군에 안 갔다온 사람은 좋은 기회를 놓쳤다고 동정한다. 군 예찬론을 펴자는 뜻은 아니다. 다만 극한의 상황에서 인내와 극기를 배우는 그 값진 체험을 놓치고 싶지 않아서이다.

난 그래서 우리 아이가 논산 훈련소에 입대했을 적에도 면회를 가지 않았다. 누구도 안갔다. 아마 논산 훈련소 생기고 집에서 면회하러 온 사람이 없기로는 기록이 아닌가 싶다. 제대하는 날까지 난 누구한테도 아들의 이야기를 한 적이 없다. 혼자 부딪치고 혼자 버티도록 해보자는 뜻이었다.

많은 부모들은 군에 보내지 않는 방법을 연구한다. 하는 수 없이 보내게 되는 경우에도 어떻게든 쉽게 병영생활을 마칠 순 없을까, 별 궁리 다한다. 일선을 피해 후방의 편한 자리로 보내기 위해 청탁운동을 하고 다니는 부모가 어디 한둘인가.

참으로 딱한 부모님이시다. 혼자 둬야 한다. 기왕 군에 간 이상 일선 참호 속에서 정말 힘든 상황을 겪어 봐야 한다.

그게 교육이다. 청탁을 할 게 따로 있지, 그 좋은 기회를 허송세월시키겠다는 거냐.

군 생활만은 부모의 힘이 아닌 혼자 힘으로 하게 하자. 밀지도 말고 당기지도 말자. 이때에도 정을 베푸는 데 인색해야 한다. 그래야 어떤 난관도 혼자 헤쳐 나올 수 있는 강인한 사람으로 성장할 수 있다.

나라를 위해 군에간 이상, 이제그는 나라의 아들이다. 나라에 맡겨라.

큰그릇, 긴 기다림

아버지의 한 마디가 그를 세계 챔피언으로 만들었다.

'네가 낫다' (You are better)

아버지의 이 한 마디가 그를 세계 챔피언으로 만든 것이다. 1989년 프랑스 오픈대회에서 무명의 마이클 창이 세계 테니스계에 혜성처럼 나타났다. 국제시합 경험도 없는 10대의 신인이었다.

전문가는 그의 승리요인을 '뜨는 볼'을 치는 데 있다고 분석했다. 공이 땅에 떨어져 떠오르는 순간에 되받아 치는 것이다. 그러면 상대가 미처 준비할 시간적 여유가 없기 때문에 쉽게 이길 수 있다.

테니스를 해본 사람이면 이건 누구나 다 안다. 하지만 실수없이 그렇게 칠 수 있기란 대단히 힘든 일이다. 공이 오는 방향으로 민첩하게 달려가야 할 뿐 아니라 그 외에도 여러 가지 고도의 기술을 요한다.

마이클은 어릴 적부터 테니스를 시작했다. 중국계의 가냘픈 체형인 그는 힘보다는 기술에 의존하지 않으면 안되었다.

'뜨는 볼을 치도록 하자.'

그는 이렇게 마음먹고 연습을 했지만 그게 쉽지가 않았다. 학교 시합에서도 번번이 패했다. 좌절에 빠져 고개를 떨구고 나오는 아들에게 아버지는 힘주어 말했다.

"네가 낫다."

이건 그냥 위로하려는 말이 아니었다. 뜨는 볼을 치려다 지긴 했지만 언젠가는 저게 성공하는 날 큰 선수가 될 수 있을 것이란 확신이 있었기 때문이다. 까짓 학교 시합이나 지방대회에서 지는 것쯤 문제가 아니었다. 먼 훗날의 대승을 위해 작은 시합쯤 참고 기다릴 줄 알았던 마이클이 되었다. 이것이 그를 마침내 세계 챔피언으로 만든 힘이 된 것이다.

우리는 이게 안된다. 당장 이겨야 한다. 선수도 부모도 코치도 이 점에서는 똑같다. 당장 이기려니 요령부터 가르쳐야 한다. 잔꾀, 잔재주부터 배워야 하니 기본기를 익힐 틈이 없다. 당장 눈앞의 시합을 대비하기 위해서다.

테니스 이야기가 나왔으니 말이지 우리 나라 주니어 테니스는 동양권에서는 아주 휩쓴다. 하지만 거기가 한계다. 기성 선수가 되면 맥을 못춘다. 세계는커녕 아시아권에서도 허덕인다. 큰 시합을 감당할 능력이 없는 것이다. 마이클이 우리 나라에 태어났다면 어떻게 되었을까? 그래도 세계 챔피언이 되었을까? 눈앞의 작은 시합을 대비하여 잔재주나 익혔다면 과연 오늘의 그가 될 수 있었을까?

우리는 이 점에서 큰 취약점을 안고 있는 민족이다. 훗날의 대성보다 눈앞의 작은 것이 급하다. 당장 눈앞의 작은 것부터 확실히 먹어두자는 약은 계산이다.

이러한 우리의 단견, 근시안적인 사고가 아이들마저도 그렇게 만들고 있다. 내일은 삼수갑산이라도 지금 당장 잘해야 한다. 뜻쯤은 몰라도 좋다. 달달 외워서라도 점수 한 점이라도 더 따야 한다. 심지어 수학도 그런 식이다.

한국 아이들의 수학실력이 세계 하위권이라는 뉴스는 참으로 충격적이었다. 하지만 그게 우리 교육의 현실이다. 부모가 그러니 학교도 거기 맞춰 당장 효과가 나는 교육을 시켜야 했기 때문이다. 기본기부터 확실히 가르쳐 먼 훗날을 대비하는 자세가 전혀 아니다. 웅변·무용·그림·체육…… 어떤 시합, 어느 분야에서도 다 같다. 무슨 수를 써서라도 이겨야 한다. 정도(正道)가 아니라도 좋다.

까짓 학교 시합쯤 지면 어때? 기분이 좋을 리야 없다. 하지만 그의 숨은 가능성을 찾아 그걸 개발할 수 있는 꾸준한 노력을 기울여야 한다. 기본기를 익혀 교과서에 쓰인 대로 정도를 걸어야 한다.

미완의 대기는 눈앞의 작은 시합에 연연하지 않는다. 그런 자세를 가르쳐야 한다. 언젠가는 이긴다. 그 날까지 참고 기다릴 줄 아는 큰그릇으로 키워야 한다. 무슨 대회에든 아이들이 참여하면 그만 혈안이 되어 극성을 떠는 게 한국 부모다. 특별교습, 심판매수 등 수단을 안 가리는 게 요즈음 부모다. 그게 진정 아이 장래를 위한 길인가를 곰곰이 생각해 본 사람이라면 감히 그런 추태는 부리지 못할 것이다. 당장의 자기과시다. 지면 창피하니까. 행여 아이가 실망을 하랴 걱정이라지만 그런 상처쯤 치유할 수 있는 능력도 길러야 한다. 부모 제 기분 좋으려고 이런 극성을 부려야 한다면 이건 아이 교육이 아니라 애완용 동물 사육이다.

그 시시한 시합에 이겼다 치자. 그게 그리 좋은가? 그런 얄팍한 부모심리를 이용한 사이비 대회도 요즈음은 많이 생겼다. 전국 무슨 경연대회니 하고 거창하게 떠들지만 모두 장삿속이다. 물론 상도 많다. 특선이니 그랑프리니 해서 어느게 일등인지 구별도 안된다. 거기서 입상했다고 우쭐대다니 그저 어이가 없다. 당당히 이겼다면 좋다. 하지만 그게 아니라면 이건 승리가 아니라 패배다. 어쩌면 영원한 패배를 자초할지도 모른다. 그런 소인배 체질로써는 큰그릇은 못된다.

인생은 길다는 걸 가르쳐라. 단거리 경주가 아니라 마라톤 시합임을 가르쳐야 한다.

꾸준히 먼 길을 가기 위해선 올바른 자세로 뛰어야 한다. 잔재주나 잔꾀에 현혹되지 말아야 한다. 누가 나를 앞질러 간다고 초조하게 생각하지 말아야 한다. 내 페이스대로 뛰어야 한다. 그러고 가노라면 나를 앞질러 신나게 갔던 그 아이가 길가에 주저앉은 모습을 발견할 수 있을 것이다. 그때까지 참고 기다릴 줄 알아야 한다. 훗날의 큰 승부를 위해 확실히, 정도에 따라 실력을 쌓아야 한다. 대의만성(大意晩成)의 뜻을 가르쳐야 한다.

당신 아이를 1회용 소모품으로 만들지 말라. 큰 재목이란 하루 아침에 만들어지지 않는다.

밝고 힘찬 목소리

밝고 활력이 넘치는 분위기를 만들어라. 큰 소리로 말하게 하라.

〈삼국지〉에 나오는 장비는 전투에서 목소리로 이겼다. 부하를 지휘하는 소리가 얼마나 우렁찼던지 재 넘어 적군이 혼비백산해서 달아났다는 이야기다. 심지어 코고는 소리에 놀라 숨어든 자객이 칼도 뽑지 못한 채 걸음아 날 살려라고 달아났다는 이야기도 있다.

군인은 항상 큰 소리로 말한다. 투지가 넘쳐야 하기 때문이다. 얼굴을 맞대고 있어도 큰 소리로 대답하는 통에 사람을 깜짝 놀라게 한다. '충성!' 할 때의 그 우렁찬 소리는 하늘을 찌른다. 나는 군대 행진 곡을 좋아한다. 거기엔 지축을 흔드는 힘이 있기 때문이다.

사열대를 지나면서 무릎을 들어 더욱 크게 밟는다. 힘이 넘친다. '돌격 앞으로!' 신호와 함께 터지는 와! 하는 고함 소리는 산을 무너뜨릴 힘을 느끼게 한다.

역도 선수가 들어올리는 순간, 얏! 하고 기합을 넣는다. 그러면 몇 킬로는 더 들어올릴 수 있다는 스포츠 의학의 보고다.

큰 소리는 힘을 솟게 한다. 중추신경을 자극하여 활력이 넘치게 한다. 이게 믿어지지 않거든 졸음 오는 오후 힘껏 고함을 질러 보라. 잠도, 게으름도 순식간에 달아나고 온몸에 힘이 솟는 걸 느낄 수 있을 것이다. 이것이 큰 소리의 위력이다. 생리적으로도 그렇고 사기 면에서도 큰 힘이 된다.

사람에 따라선 조용히 이야기하는 사람이 있다. 멀리 앉은 사람은 잘 들리지도 않는 소리로 소곤거리듯 말한다. 기어 들어가는 소리다. 듣기에도 답답하다. 성질 급한 사람 신경질 돋우기 꼭 좋다. 강의를 하다보면 질문에 답하는 목소리가 학생마다 다르다. 알고 모르고 내용은 뒷전, 무슨 말을 하고 있는지 전혀 들리지 않는 학생이 있다. 아무리 큰 소리로 하라고 해도 그럴수록 더 위축되어 소리가 자꾸 작아진다. 끝내는 입을 다물고 얼굴만 붉히고 앉았다.

이런 아이치고 인기 있는 학생 없다. 몰라서 대답을 못하는 경우도 목소리가 기어 들어가긴 하지만, 그래도 모르겠단 소리만은 분명히 전달되어야 한다. 언제 어디서나 작은 소리로 이야기하는 사람은 상대에게 신뢰감을 주지 못한다. 말에 신빙성이 있는 것 같지도 않다. 비밀스럽고 음침한 기분도 들게 한다. 이런 아이들은 걸음걸이도 살금살금이다. 고양이처럼 조용히 다가오기 때문에 때론 사람을 놀라게 한다. 이런 사람에겐 어쩐지 경계심이 생긴다. 요주의 인물이다. 은밀하게 무슨 일을 하고야 말 것 같다. 비밀이 많고 어째 미덥지가 않다.

아이들의 소리는 밝고 힘찬 소리여야 한다. 분명하고 큰 소리로 말하고 밝고 힘찬 발소리여야 한다. 사자의 포효처럼 우렁차고 걸을 적엔 지축을 흔드는 힘이 있어야 한다.

자신 있는 아이들은 그렇다. 적극적이고 당당하다. "여기 내가 간다"는 도전적인 자세다. 밝고 분명한 이미지를 주게 됨으로써 사람들로부터 호감을 산다. 믿음직하다. 어디 한구석 구김살 없이 죽죽 자라날 아이다. 장래성이 있다. 그릇이 크다.

아이들에겐 어릴 적부터 이런 분위기, 이런 개성을 길러 줘야 한다. 머리야 나쁠 수도 있고 재주야 없을 수도 있다. 키가 작을 수도 있고 인물이 못날 수도 있다. 그건 어쩔 수 없는 일이다. 하지만 밝고 힘찬 분위기, 그러한 인상을 사람들에게 심어주는 건 가능한 일이다.

그건 타고나기보다 후천적 노력에서 되는 일이기 때문이다. 인생의 성패는 어쩌면 사람들에게 어떤 인상을 주느냐에 달렸다 해도 과언이 아니다. 밝고 분명한 인상이어야 한다. 활력이 넘치고 믿음직한 인상을 심어야 한다. 그런 것들이 쌓여 먼 훗날 그에게 큰 재산이 될 것이다.

물론 목소리는 타고난다. 사람마다 타고난 음색도 달라서 요즈음엔 목소리 열쇠도 있다. "열려라, 문!" 하면 주인의 목소리를 판별해 문이 열린다. 아라비아의 마법사가 아니라도 가능하게 되었다.

음색은 물론 성량도 타고난다. 부자간엔 목소리가 닮는다. 변성기를 지나면 부자간 목소리를 혼동해서 가끔 전화에서 해프닝이 벌어진다. 그뿐 아니다. 부자간에 걸음걸이도 닮는다는 사실을 알고 계십니까? 모녀간도 마찬가지다.

믿어지지 않겠지만 그건 사실이다. 그러니까 목소리나 걸음걸이도 타고나는 게 많다. 그러나 어떻게 걷고 어떻게 말하느냐는 그 집 분위기 그리고 부모의 태도에 따라 아주 달라진다.

아이들의 기어 들어가는 소리, 살금거리는 걸음걸이만 보면 그 집 분위기를 짐작할 수 있다. 전문가의 분석이 필요 없다. 아이가 그대로 보여주고 있다. 살얼음판 걷듯 긴장일색이다. 이제라도 곧 무슨 일이 일어날 것 같다. 부모의 냉전이 행여 일전으로 번지지 않을까? 아이들은 말 한 마디, 걸음걸이 하나에 조심하지 않으면 안된다. 자극하지 않기 위해서다.

작은 잘못에도 벼락 호통이 떨어진다. 말 한 마디 실언했다간 큰일난다. 부모로부터 무슨 소리를 들을지 모른다. 아이들은 겁먹은 표정이 역력하다. 그것도 모르냐고 핀잔을 들을 바엔 아예 안 들리게 우물거리는 게 낫다.

이런 것들은 모두 아이의 방어본능에서 비롯된다. 조용한 걸 특히 좋아하는 부모도 있다. 시끄러운 건 질색이다. 한 집에 살려면 아이들도 거기에 맞추지 않으면 안된다. 반대로 술먹고 고함치는 아버지라면 아이들은 주눅이 들어서라도 숨을 죽일 수밖에 없을 것이다.

아무리 밝고 활력에 넘치는 기질을 타고난 아이라도 이런 집안 분위기에선 목소리도 걸음걸이도 살금살금일 수밖에 없다. 아이들은 점점 위축되어 자신감을 상실하게 된다. 그리고 타고나면서 기가 약한 아이라면 이런 분위기가 정신분열증을 만들 수도 있다. 이런 아이는 조용한 것이 특징이다. 걸음걸이도 조용하다. 말도 작은 소리로 속삭이듯 한다. 톤의 고저가 없이 단조롭다. 물 흐르듯 조용하다. 제스처도 없고 얼굴 표정도 물론 없다. 마치 로봇과 대화하는 듯한 착각을 일으키게 한다.

증상이 이쯤 되면 분열증 진단이 어렵지 않다. 당장 눈에 띄게 비정상적인 행동은 보이지 않는다 하더라도 아이는 그런 방향으로 서서히 침몰하고 있다는 증거다.

밝고 활력이 넘치는 분위기를 만들어라. 큰 소리로 분명히 말하게 해라. 당당한 걸음으로 쾅쾅 지축이 흔들리게 걷도록 해라.

그것이 자신 있는 아이로 키우는 비결이다. 자신감과 말소리는 정비례한다.

이시형 패키지북스 01

배짱으로 삽시다 신판

한국인의 강점과 약점 – 출판사상 최장기 베스트셀러!

평균적 한국인의 무의식속에 잠재된 소심증과 열등감,
체면의식과 조급증은 과연 어디에서 오는 것일까?

이시형 패키지북스 02

신판 불확실성 시대의 결단

자신있는 결단을 위한 불확실성 시대의 발상법

'결단공포증'에 걸린 사람들을 위하여 10년만에 다시쓴
'배짱으로 삽시다' 캄캄한 혼돈속에서도 흐름의 방향을 찾아내는
슬기와 한 차원 높은, 진정 큰 배짱이란 무엇을 말하는가?

도서출판

이시형 패키지북스 03

길가의 민들레는 어쩔 것인가.
풀벌레 울음에 숨을 죽이던 소녀의 가슴이 생각납니까?
소풍길에 본 앙증맞게 핀 풀꽃들, 영롱한 이슬이 반짝이는 그 오묘한 세계,
풀벌레 울음이 차마 멎을까 발소리를 죽이던
그 섬세한 마음씨들….

자신있게 사는 여성

영원한 처녀를 위한 이시형박사의 여성에세이

이시형 패키지북스 04

지혜롭게 사는 [여성]

영원한 처녀를 위한 이시형박사의 여성에세이

어머니, 세상이 겨울 일지라도 당신의 가슴은 여름보다 뜨겁습니다.
겨울은 계절의 끝이 아닙니다. 봄의 새싹을 품은 잉태의 계절입니다.
당신의 가슴은 무한한 창조의 샘입니다. 인류의 역사가 살아 숨쉬는 마음의 고향입니다.

도서출판

이시형 패키지북스 05

이 시대 여성들의 프로선언
삶의 주인공이 되는
"변신노트"

신세대 슈퍼레이디로의 화려한 탄생!

20대의 선택은 평생을 좌우한다.
지금은 나만의 개성을 살려
적극적이고 창조적인 모습으로
탈바꿈해야만 할 때.

이시형 박사의 인생처방전…변신하는 즐거움!

도서출판

이시형 패키지북스 06

대인공포증의 치료

上 下

대인불안 · 연단공포 · 이성공포 · 적면 · 추모 · 시선공포

이 책은 이시형박사가 처음 개발하여
시행하는 '대인공포증 집단치료' 과정에서
의사와 환자들이 나눈 대화를 녹취게재하고,
이 새 치료기법에 대한
이론적 배경을 해설함으로써
읽는 것만으로도 치료가 가능하도록 편집된 책이다.

읽는 것만으로도 치료가 된다!

도서출판

크게 멀리 보고 키워야 됩니다 **멋대로 키워라**

중판발행 / 2000년 9월7일
중판인쇄 / 2000년 9월15일

지은이 / 이시형
펴낸이 / 안대현
펴낸곳 / 풀잎
등록 / 제21-90호

주소 / 서울시 중구 묵정동 27-6호
전화 / 2274-5445/6
Fax / 2268-3773

※ 잘못된 책은 바꾸어 드립니다.

값 7,000원

ISBN 89-7503-076-8